# [생채소 × 빵] 샌드위치,
## 어떻게 조립해야 하나?

나가타 유이 지음·용동희 옮김

PROLOGUE

빵집에서 샌드위치를 고르는 사람들은 대부분,
「채소가 먹고 싶어서」 샌드위치를 고른다고 합니다.
그래서 바게트에 버터를 바르고 햄만 넣은
프랑스의 대표적인 샌드위치 「장봉뵈르(Jambon Beurre)」는,
채소가 없기 때문에 무언가 부족하다고 느끼는 사람이 많습니다.

샐러드 같은 샌드위치를 원하는 사람이 많다는 것은,
요즈음 인기가 많은 볼륨감 넘치는 샌드위치에서도 알 수 있습니다.
푸짐한 채소 샐러드와 같은 샌드위치는 확실히 매력적입니다.
그렇지만 보기 좋은 컬러 조합과 개성 강한 비주얼을 자랑하는 샌드위치가
반드시 맛있다고는 할 수 없습니다.
만들어 보고, 먹어 보고, 고개를 갸웃거리는 경우도 있습니다.
샌드위치는, 맛과 식감을 서로 살려주는 빵과 속재료의 균형이 중요합니다.

『샌드위치, 어떻게 조립해야 하나?』의 뒤를 이은 이번 책은 「생채소」가 주인공입니다.
「채소」의 매력은 매우 다양해서 한 권으로 모든 것을 설명할 수 없지만,
이 책에서는 먼저 신선한 「생채소」의 매력을 이야기해 봅니다.

「채소」의 개성을 제대로 이해하려면 먼저 각각의 채소가 지닌 고유의 맛을 느껴보세요.
「채소」의 개성을 이해한 다음, 다른 재료와 조합하면
단순히 맛을 더하는 것 이상으로 새로운 발견을 할 수 있습니다.
그저 「빵」에 넣는 행위가 전부가 아닙니다.
제대로 자르고, 맛을 내고, 소스를 조합하고, 알맞은 순서로 조립하면
샌드위치가 몰라보게 달라집니다.
「생채소」와 「빵」으로 만드는, 정말 특별한 맛을 만날 수 있길 바랍니다.

NAGATA YUI

CONTENTS

## 01 빵에 어울리는 기본 생채소

빵에 어울리는 채소 ······················ 8
채소의 종류 ······························ 12
생채소 밑손질 ···························· 18
    양상추 ································ 18
    양배추 ································ 20
    오이 ·································· 22
    토마토 ································ 24
    당근 ·································· 26
    양파 ·································· 28
    셀러리 ································ 29
    파프리카 ······························ 30
    주키니 ································ 31
    여주 ·································· 31
    콜리플라워 ···························· 31
    양송이 ································ 32
    셀러리악 ······························ 32
    대파 ·································· 32
    허브 ·································· 33
생채소 마리네이드 ······················· 34
    허니 피클 ····························· 34
    오이·파프리카·적양파 즉석피클 ······ 34
    사워크라우트 ·························· 35
    당근라페 ······························ 35
    카레향 콜리플라워피클 ················ 36
    오이딜피클 ···························· 36
    올리브 마리네이드 ···················· 36
    시판 마리네이드 ······················ 37
생채소에 어울리는 기본 소스 ············ 38
    마요네즈 ······························ 38
    두유마요소스 ·························· 39
    연유마요소스 ·························· 39
    허브마요소스 ·························· 39
    바질소스 ······························ 40
    타프나드 ······························ 40
    양파드레싱 ···························· 41
    케카소스 ······························ 41
    레몬버터 ······························ 42
    트러플버터 ···························· 42
    검은 후추 크림치즈 ··················· 42
    리코타크림 ···························· 42
    호스래디시 사워크림 ················· 43
    세르벨 드 카뉘 ······················· 43
    시저샐러드 드레싱 ··················· 43
    러시안드레싱 ·························· 43

생채소에 어울리는 향신료·드라이 허브·양념 ······ 44
생채소에 어울리는 고기와 해산물 가공품 ········· 47
생채소에 어울리는 기본 필링 ······················ 48
    스파이시 그릴드 치킨 ··············· 48
    샐러드용 닭가슴살 ··················· 49
    치킨샐러드 ···························· 49
    가다랑어 콩피 ························ 50
    참치샐러드 ···························· 50
    연어페이스트 ·························· 51
    햄페이스트 ···························· 51
    달걀샐러드 ···························· 51
생채소에 어울리는 빵 ······························ 52
채소 손질 도구 ······································ 54

## 02 빵에 생채소를 넣는다

[ 오이 ✕ 식빵 ]
**단면이 사선_** 어슷썬 오이 샌드위치 ················ 58, 60
**단면이 사선_** 세로 슬라이스 오이 마리네이드 샌드위치 ··· 59, 61
`재료 응용`
오이 + 사워크림 샌드위치 ························· 62
오이 + 햄페이스트 샌드위치 ······················· 63
오이 + 크림치즈 샌드위치 ························· 64
오이 아사즈케 샌드위치 ···························· 65
오이 소금절임 토스트 샌드위치 ··················· 66
`재료 응용` `빵 교체`
오이 + 달걀샐러드, 핫도그빵 샌드위치 ············ 67
`재료 응용`
오이피클 + 훈제연어 샌드위치 ····················· 68
`재료 응용` `빵 교체`
오이피클 + 장봉뵈르 ································ 69

[ 양상추 ✕ 식빵 ]
**둥글게 접어서_** 양상추 + 햄 샌드위치 ·············· 70, 72
**녹색을 겹겹이_** 그린샐러드 샌드위치 ··············· 71, 73
`재료 응용`
달걀 + 치킨샐러드, 양상추롤 샌드위치 ············ 74
양상추가 주인공인 B.L.T. ························· 75

[ 토마토 ✕ 식빵 ]
**단면이 일직선_** 슬라이스 토마토 샌드위치 ········· 76, 78
**단면이 동글동글_** 방울토마토 샌드위치 ············· 77, 79
**고급스러운 슬라이스_** 토마토 + 새싹채소 샌드위치 ··· 80, 82
**과감한 커팅_** 토마토 + 참치 + 새싹채소 샌드위치 ··· 81, 83

[재료 응용]
토마토가 주인공인 B.L.T. ·········································· 84
[재료 응용] [빵 교체]
카프레제 포카치아 샌드위치 ···································· 85

[ 당근 ✕ 식빵 ]
**폭신한 단면_** 나풀나풀 당근 샌드위치 ················ 86, 88
**촘촘한 단면_** 당근채+참치샐러드 샌드위치 ········ 87, 89
[재료 응용]
당근라페+달걀+치킨샐러드, 컬러풀 샌드위치 ······ 90
[재료 응용] [빵 교체]
당근 마리네이드+참치샐러드, 건포도빵 샌드위치 ···· 91
생햄+케일+당근, 소금빵 샌드위치 ························· 92
당근라페 크루아상 샌드위치 ···································· 93

[ 양배추 ✕ 식빵 ]
양배추 소금절임+게맛살 샌드위치 ························· 94
[재료 응용]
봄양배추 타르타르+햄 샌드위치 ····························· 95
3색 코울슬로+스파이시 치킨 샌드위치 ·················· 96
2종류의 양배추, 루벤 샌드위치 ······························· 97
[재료 응용] [빵 교체]
양배추 소금절임+닭가슴살, 카이저 샌드위치 ········ 98
사워크라우트 소금빵 핫도그 ···································· 99

[ 셀러리 ✕ 식빵 ]
셀러리+가다랑어 샌드위치 ······································ 100
[재료 응용] [빵 교체]
셀러리+치킨샐러드, 바게트 샌드위치 ···················· 101

[ 여주 ✕ 식빵 ]
여주 가다랑어포 무침 샌드위치 ······························ 102
[재료 응용] [빵 교체]
여주 가다랑어포 무침+닭가슴살, 베이글 샌드위치 ···· 103

[ 새싹 채소 ✕ 식빵 ]
브로콜리 새싹+달걀샐러드 샌드위치 ······················ 104
[재료 응용] [빵 교체]
브로콜리 새싹+달걀치킨, 버터롤 샌드위치 ············ 105

[ 파프리카 ✕ 식빵 ]
파프리카 샌드위치 ····················································· 106
[재료 응용]
피망+치킨샐러드 샌드위치 ······································ 107

[ 콜리플라워 ✕ 식빵 ]
콜리플라워 샌드위치 ················································· 108
[재료 응용]
콜리플라워+달걀샐러드 샌드위치 ·························· 109

[ 주키니 ✕ 식빵 ]
주키니 샌드위치 ························································· 110
[재료 응용]
주키니+달걀샐러드 샌드위치 ·································· 111

[ 양송이 ✕ 식빵 ]
양송이 호밀빵 샌드위치 ············································ 112
[재료 응용] [빵 교체]
양송이+생햄 샌드위치 ·············································· 113

[ 버터헤드레터스 ✕ 식빵 ]
버터헤드레터스+햄페이스트 샌드위치 ··················· 114
[재료 응용] [빵 교체]
햄+달걀+버터헤드레터스, 버터롤 샌드위치 ·········· 115

[ 경수채 ✕ 식빵 ]
경수채+햄, 일본식 샐러드 샌드위치 ······················· 116

[ 쑥갓 ✕ 식빵 ]
쑥갓 파르메산 샐러드 샌드위치 ······························ 117

[ 크레송 ✕ 식빵 ]
크레송+연어페이스트, 호밀빵 샌드위치 ················ 118

[ 엔다이브 ✕ 바게트 ]
레드 엔다이브+장봉 프로마주 ································· 119

**생채소 샌드위치, 어떻게 조립해야 하나?** ········· 120

[ 기본 믹스채소 ✕ 식빵 ]
**분리형_** 녹색채소&[햄+달걀], 믹스 샌드위치 ····· 124, 126
**더블데커_** 녹색채소&[햄+달걀], 믹스 샌드위치 ···· 125, 127

[ 색감 살린 믹스채소 ✕ 식빵 ]
**GREEN_** 녹색채소+차슈, 일본식 믹스 샌드위치 ···· 128, 130
**RED_** 붉은색 채소+로스트비프, 믹스 샌드위치 ···· 129, 131
**WHITE_** 하얀색 채소+치킨샐러드, 믹스 샌드위치 ···· 132, 134
**YELLOW_** 노란색 채소+달걀샐러드, 믹스 샌드위치 ···· 133, 135

[ 기본 샐러드 믹스채소 ✕ 식빵 ]
**시저샐러드+빵_** 치킨시저샐러드 샌드위치 ········· 136, 138
**니스식샐러드+빵_** 니스식샐러드 샌드위치 ········· 137, 139

[ 개성 살린 믹스채소 ✕ 식빵 ]
**여주의 쓴맛_** 여주 클럽샌드위치 ·························· 140, 142
**피클의 신맛_** 피클+치킨샐러드 샌드위치 ············ 141, 143

[ 믹스채소 ✕ 핫도그빵 ]
시카고 핫도그 ····························································· 144
[재료 응용]
샐러드 핫도그 ····························································· 145

## 03 빵에 생채소를
# 올린다 · 바른다

**오픈 샌드위치, 어떻게 조립해야 하나?** ·········· 148
- 케카소스 브루스케타 ················· 150
- 판 콘 토마테 ····················· 151
- 방울토마토 타르틴 ·················· 152
- 카프레제 카나페 ··················· 153
- 래디시 + 버터 카나페 ················ 154
- 컬러풀한 무 타르틴 ················· 155
- 엔다이브 + 서양배 타르틴 ············· 156
- 셀러리 + 사과 타르틴 ················ 157
- 양송이 타르틴 ···················· 158
- 블랙트러플 타르틴 ················· 159
- 미즈나스 타르틴 ··················· 160
- 함초 카나페 ····················· 161

## 04 생채소는 명품조연,
# 세계의 샌드위치

**FRANCE**
- 셀러리악을 넣은 장봉뵈르 ············ 164, 166

**U.K.**
- 로스트비프 + 크레송 샌드위치 ········· 165, 167

**U.S.A.**
- 아보카도 달걀샐러드 베이글 샌드위치
  ······························ 168, 170
- 셀러리 + 참치, 멜트 샌드위치 ········· 169, 171

**VIETNAM**
- 소불고기 반미 ·················· 172, 174

**MEXICO**
- 소고기 스테이크 타코 ·············· 173, 175

**TURKEY**
- 고등어 샌드위치 ················· 176, 178

**JAPAN**
- 돈가스 샌드위치 2종류 ············· 177, 179

## 05 빵에 어울리는
# 세계의 생채소 요리

**ITALY**
- 판차넬라 ······················· 182
- 바냐 카우다 ····················· 183

**GREECE**
- 호리아티키 살라타 ················· 184
- 차지키 ························ 185

**FRANCE**
- 크뤼디테 ······················· 186
- 타불레 ························ 187

**U.S.A.**
- 시저샐러드 ······················ 188
- 찹샐러드 ······················· 189

**SPAIN**
- 가스파초 ······················· 190

**PERU**
- 세비체 ························ 191

### 일 러 두 기

- 1큰술 = 15㎖
  1작은술 = 5㎖
  1컵 = 200㎖
- E.V.올리브오일은 엑스트라버진 올리브오일의 약자.
- 흰 후추는 특별한 표시가 없는 경우, 곱게 갈아서 사용한다.
- 식빵(통밀식빵 포함) 샌드위치의 경우, 1개 분량은 식빵 2장으로 만든 것이다.
- 토마토(작은 것) = 120g
  토마토(중간 크기) = 150~160g
  토마토(큰 것) = 280g

# 빵에 어울리는 채소

## 이 책에 나오는 채소

### 주로 생으로 먹는 채소

| | |
|---|---|
| 버터헤드레터스 | 오이 |
| 부케레터스 | 구부러진 어린 오이 |
| 그린 리프 | 게르킨 오이 |
| 어린잎채소 | 다양한 색의 무 |
| 루콜라 | 래디시 |
| 새싹채소 | 코린키 호박 |
| 처빌 | 민트 |
| 딜 | |

### 생으로도 먹고, 익혀서도 먹는 채소

| | | | |
|---|---|---|---|
| 양상추 | 쑥갓 | 당근 | 콜리플라워 |
| 로메인 | 크레송 | 무 | 옥수수 |
| 써니레터스 | 양배추 | 피망 | 양송이 |
| 치커리 | 적양배추 | 파프리카 | 블랙트러플 |
| 케일 | 라디치오 | 미즈나스(가지) | 파슬리 |
| 샐러드용 시금치 | 엔다이브 | 토마토, 다양한 색의 방울토마토 | 이탈리안 파슬리 |
| 샐러드용 소송채 | 주키니 | 비트 | 바질 |
| 경수채 | 여주 | 셀러리악 | 타임 |

채소는 종류가 많은데, 맛있게 먹는 방법은 각 채소의 품종과 신선도에 따라 달라진다. 이 책에서는, 빵에 어울리는 채소 위주로 소개한다. 채소는 생으로도 익혀서도 사용하는데, 같은 채소라도 조리방법에 따라 맛이 달라진다. 이 책에서는 주인공인 익히지 않은 생채소를 자르거나 맛을 내는 방법의 차이, 궁합이 잘 맞는 조합방법 등을 깊이 있게 다루었다.

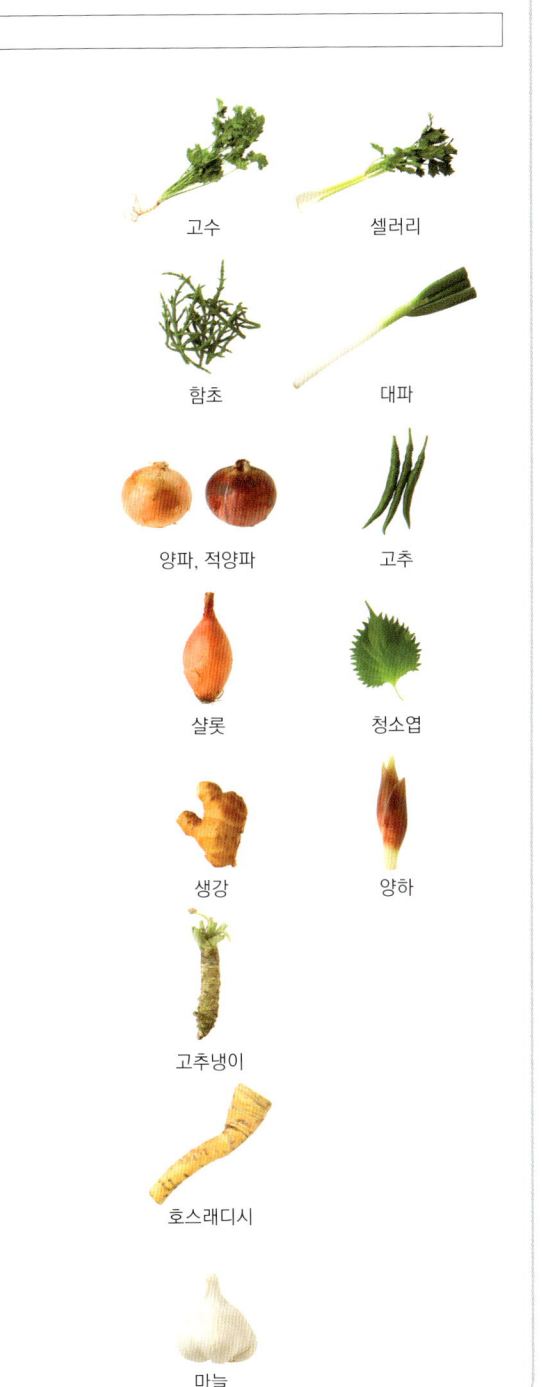

주로 익혀서 먹는 채소

# 01
**빵에 어울리는**
**기본** 생채소

01　빵에 어울리는 기본 **생채소**

# 채소의 종류

채소는 종류가 많고 분류방법도 여러 가지다. 이 책에서는 생으로 먹을 수 있는 채소 중에서 특히 빵과 궁합이 좋은 것을 골라, 잎을 먹는 「잎채소」, 열매를 먹는 「열매채소」, 뿌리를 먹는 「뿌리채소」, 「버섯」, 그리고 요리에 향을 더하고 맛을 살려주는 「허브·향미채소」로 나누어 소개한다.

## 잎 채소

**양상추**
결구상추라고도 하며, 샌드위치에 사용하는 채소 중에서도 특히 인기가 많다. 안쪽 잎은 색이 옅지만 아삭한 식감이 장점이다. 잎을 1장씩 깨끗이 씻고 꼼꼼하게 물기를 제거한다.

**로메인레터스**
둥글게 결구하지 않고 잎이 곧게 자라며, 원산지인 에게해 코스섬의 이름을 따서 코스상추라고도 한다. 시저샐러드에 꼭 필요한 채소. 잎끝은 부드럽고 잎맥 부분은 아삭하다. 잎이 두꺼워 살짝 익혀서 먹어도 좋다.

**버터헤드레터스**
양상추나 로메인레터스와는 다른, 부드러운 식감이 특징이다. 평평한 잎모양과 산뜻한 녹색을 잘 살려서 샌드위치를 만들면 좋다. 영양가가 높은 녹황색채소.

**써니레터스**
잎이 얇고 부드러우며 쓴맛이 적다. 잎끝은 붉은빛을 띤 자주색으로 잔주름이 있어서, 샌드위치에 볼륨과 색을 더해준다. 녹황색채소로 양상추보다 영양가가 높다.

**그린 리프**
써니레터스와 함께 잎상추 중에서도 인기가 많은 품종. 그린 컬리라고도 한다. 선명한 녹색과 주름이 보기 좋아서, 샌드위치의 색감을 위해 많이 사용한다.

**여러 가지 잎상추**
왼쪽부터 잎모양이 부케를 닮은 「부케레터스」, 프릴을 닮은 「프릴레터스」, 해양심층수로 재배해 미네랄이 풍부한 「미네랄 리프」. 결구하지 않는 잎상추는 여러 종류가 있고, 잎모양이나 식감이 다르므로 다른 식재료와의 균형을 생각하여 선택한다.

**치커리**
잎 끝부분이 짙은 녹색이고 꼬불꼬불한 모양이 특징이다. 중심에 가까운 부분은 하얗고, 쌉쌀하면서 단맛도 있다. 샐러드에 많이 사용하며 맛의 악센트가 된다.

**케일**
녹즙 재료로 인기가 많은, 양배추의 선조격인 채소. 항산화 작용이 있으며 영양가가 높다. 베이비 케일(사진 오른쪽)이나 컬리 케일(곱슬케일)은 쓴맛이 강하지 않아 생으로 먹기 좋다.

**어린잎채소**
채소의 어린잎으로, 여러 종류가 있다. 식감이 부드럽고 채소의 영양을 그대로 섭취할 수 있다. 색감을 잘 살려서 사용한다.

### 샐러드용 시금치
녹황색채소 중에서도 특히 영양가가 높다. 생식용으로 개량된 샐러드용 시금치나 어린 시금치(사진 왼쪽)는 떫은맛이 적고 부드럽다.

### 샐러드용 소송채
일반 소송채보다 떫은맛이 적은 품종으로, 철분이나 칼슘은 시금치보다 풍부하다. 신선한 것은 생으로 먹어도 맛있고, 어린 소송채(사진 왼쪽)는 독특한 맛이나 향이 없고 부드럽다.

### 경수채
줄기가 단단해 식감이 좋으며 특유의 톡 쏘는 매운맛과 향이 있다. 일본에서 많이 먹는 채소로, 주로 익혀서 먹지만 생으로 먹어도 맛있다. 샌드위치나 샐러드를 만들 때 사용하면 좋다.

### 쑥갓
β-카로틴과 비타민C가 풍부하다. 짙은 녹색과 씁쓸한 맛, 독특한 향이 특징. 국물요리 등에 넣어 익혀서 먹는 경우가 많지만, 생으로 먹으면 개성 있는 맛을 느낄 수 있다.

### 크레송
β-카로틴과 비타민C가 풍부한 녹황색채소. 알싸한 매운맛과 시원한 향이 특징으로, 고기요리와 잘 어울린다. 줄기도 아삭한 식감을 즐길 수 있다.

### 루콜라
로켓샐러드라고도 한다. 알싸한 매운맛과 참깨 같은 고소한 향이 특징이며, 강한 항산화 작용을 한다. 잎이 가늘고 뾰족한 와일드 루콜라(사진 오른쪽)는 매운맛이 강하다.

### 양배추
채썬 양배추는 볼륨 있는 샌드위치를 만들 때 빼놓을 수 없는 재료이다. 봄양배추는 단맛이 있어서 특히 생으로 먹기 좋다. 독일에서 많이 먹는 사워크라우트를 만들 때도 반드시 필요한 재료이다.

### 적양배추
적채, 빨간색 또는 보라색 양배추라고도 한다. 색깔은 항산화 작용이 강한 안토시아닌 때문인데 식초에 절이면 붉어진다. 선명한 색깔을 잘 활용한다.

### 라디치오
적양배추와 닮았지만 치커리의 한 종류이다. 독특한 쓴맛과 아삭한 식감이 인상적인 채소. 맛의 균형을 잘 맞춰서 사용한다. 샐러드 외에 가열조리에 사용해도 좋다.

### 엔다이브
치커리 뿌리에서 난 새싹을 상품화한 것. 아삭한 식감과 은은한 쓴맛이 특징. 배추속대처럼 생긴 잎으로 애피타이저를 만들거나, 썰어서 샐러드를 만든다. 잎끝이 연한 녹색을 띤 흰색 품종과 붉은색 품종이 있다.

### 새싹채소류
채소의 새싹은 다 자란 채소보다 영양가가 훨씬 높기 때문에 인기가 많다. 그중에서도 브로콜리 새싹(사진 왼쪽)은 특히 인기가 많은데, 싹튼 지 3일 된 브로콜리 새싹(사진 가운데)은 암 억제 효과가 높은 설포라판(Sulforaphane)을 브로콜리보다 20배나 많이 함유하고 있다. 적양배추 새싹(사진 오른쪽)은 선명한 색을 살려서 요리의 악센트로 활용한다.

01 빵에 어울리는 기본 **생채소**

# 채소의 종류

**열매채소 / 뿌리채소 / 버섯**

**오이·구부러진 어린 오이**
수분이 많고 식감이 좋다. 90% 이상이 수분으로 이루어져 영양가가 높지는 않지만, 클래식한 티 샌드위치에 꼭 필요한 채소이다. 구부러진 오이(사진 오른쪽)는 어릴 때 수확해 피클을 만든다.

**게르킨 오이**
피클을 만들 때 사용하는 멕시코 원산의 작은 오이. 일반 오이보다 수분이 적고 식감이 좋다.

**여주**
동남아시아 원산으로 표면의 돌기와 독특한 쓴맛이 특징이다. 식욕을 돋워주기 때문에 여름에 더위를 탈 때 도움이 된다. 소금에 절이면 쓴맛이 약해져서 생으로도 먹을 수 있다.

**당근**
선명한 오렌지색으로 β-카로틴이 풍부하다. 단맛이 강하고 당근 특유의 맛과 향이 강하지 않은 종류도 있다. 강판이나 채칼로 얇게 채를 썰면 부드러워서 먹기 좋다.

**주키니**
오이와 비슷하지만 호박의 한 종류이다. 이탈리아 요리에도 많이 쓰이며 기름과 궁합이 좋다. 생으로 먹어도 독특한 맛과 향이 없어, 얇게 썰어 샌드위치를 만들기 좋다.

**코린키 호박**
생으로 먹을 수 있는 작은 크기의 호박. 독특한 맛이나 향이 없고, 어릴 때 수확하기 때문에 껍질이 두껍지 않아, 얇게 썰어서 껍질째 먹을 수 있다. 식감이 좋고 색깔이 선명해서 샌드위치나 피클을 만들면 좋다.

**무**
소화효소가 풍부하다. 수분이 많아 오래 두고 먹는 샌드위치에는 적합하지 않다. 빵과 조합할 때는 만들어서 바로 먹는다.

**다양한 색의 무**
사진 왼쪽부터 「자색 무」, 속까지 붉은색을 띤 「베니쿠루리」, 중국 원산으로 길쭉하고 녹색을 띤 「중국무」, 순무를 닮은 「홍심무」. 자르면 단면이 보기 좋고 매운맛이 적은 품종은, 생으로 먹어도 좋다. 색감을 살려서 오픈 샌드위치나 샐러드에 활용한다.

**래디시**
20일무라고도 부르는 생식용 작은 무. 아삭하고 크기가 작아서 먹기 편하다. 색과 맛의 악센트로 사용하기 좋다.

### 피망
품종개량으로 독특한 풋내나 쓴맛이 약해져서 먹기 좋고, 싱싱한 것은 생으로 먹어도 맛있다. 육질이 두툼하고 탄력 있는 것을 고른다.

### 파프리카
피망의 일종으로 고추와 같은 종류이지만, 매운맛이나 쓴맛이 없고 산뜻한 단맛이 있으며, 수분이 풍부한 것이 특징이다. 붉은색과 노란색 외에 오렌지색이나 녹색 파프리카도 있다.

### 미즈나스(가지)
수분이 많고 은은한 단맛이 있는, 일본 센슈 지역의 특산품 가지. 껍질이 얇고 떫은맛이 적어서 생으로 먹기 좋다. 얇게 썰어서 오픈 샌드위치나 샐러드를 만들면 특별한 맛을 즐길 수 있다. 생식용 가지로 대체해도 좋다.

### 토마토
「토마토가 빨갛게 익으면 의사 얼굴이 파랗게 질린다」라는 말이 있을 정도로 영양가가 높다. 토마토의 붉은색을 만드는 색소 리코펜은 β-카로틴보다 2배 이상의 항산화작용을 한다. 샌드위치에 꼭 필요한 채소 중 하나.

### 프루트 토마토
특정 품종이 아니라, 일반 토마토에 물을 적게 주고 재배해서 당도가 높은 토마토. 과육이 단단하고 단맛이 강하며, 수분이 적어서 쉽게 상하지 않는다. 일반 토마토로 대체할 경우 꿀 등으로 단맛을 보충한다.

### 다양한 색의 방울토마토
방울토마토는 한입크기의 작은 토마토로 여러 가지 품종이 있다. 큰 토마토에 비해 당도가 높으며, 일반적인 빨간색 외에 노란색, 녹색, 주황색 등 여러 색을 조합해 사용하면 색감이 화려해진다.

### 비트
흙내음과 단맛이 특징이다. 러시아식 수프 보르시 또는 조림요리 등에 많이 사용하는데, 껍질을 두껍게 벗기고 얇게 썰면 생으로도 먹을 수 있다. 이 책에서는 단면에 소용돌이 무늬가 있는 키오자 비트(캔디 비트)를 사용한다.

### 셀러리악
유럽에서 많이 먹는 채소로 셀러리의 일종이지만, 비대해진 뿌리를 먹는다. 셀러리와 향이 비슷하며, 채썰어서 샐러드를 만들거나 조림요리에 넣어도 잘 어울린다.

### 콜리플라워
주로 익혀서 먹는 채소이지만 싱싱한 것은 생으로 먹어도 맛이 좋다. 아삭한 식감이 특징. 최근에는 흰색 외에 오렌지색이나 보라색 등 여러 색의 품종이 늘고 있다.

### 옥수수
곡물로 먹는 말린 옥수수와는 달리, 채소로 이용하는 옥수수는 스위트콘이라고 부르는 감미종이다. 과일만큼 당도가 높고 생으로 먹을 수 있는 품종이 인기가 많다.

### 양송이
유럽 원산의 두툼한 버섯. 신선한 것은 생으로 먹을 수 있으므로, 얇게 썰어서 샐러드의 토핑으로 사용하면 좋다. 담백한 백색종에 비해 갈색종은 맛이 조금 진하다.

### 블랙트러플
세계 3대 진미 중 하나인 고급 버섯. 특유의 매혹적인 향이 특징으로, 맛이 아닌 향을 즐기는 식재료이다. 얇게 썰면 향이 더욱 진해진다.

# 채소의 종류

> 허브 · 향미채소

**파슬리**
잎이 꼬불꼬불한 파슬리는 짙은 녹색이 보기 좋아서 요리의 장식으로 사용하고 버리는 경우가 많다. 그렇지만 영양가가 높고 소화에도 도움이 되기 때문에, 버리지 말고 먹는 것을 추천한다.

**이탈리안 파슬리**
잎이 평평한 이탈리안 파슬리는 꼬불꼬불한 파슬리에 비해, 독특한 냄새나 맛이 없고 향도 산뜻하다. 곱게 다져서 소스나 딥에 사용하면 좋다.

**처빌**
이탈리안 파슬리에 비해 잎이 부드러우며, 고급스럽고 달콤한 향이 특징이다. 프렌치 요리에 많이 사용되며, 파슬리나 딜과 함께 사용해도 좋다.

**바질**
이탈리아 요리에 빠지지 않는 허브로, 특히 토마토와 궁합이 좋다. 그대로 사용해도 좋고, 잎으로 페이스트를 만들거나 오일에 절여 사용해도 좋다.

**딜**
해산물과 궁합이 좋으며 북유럽이나 동유럽에서 많이 사용하는 허브. 수프나 피클에 풍미를 더할 때도 좋으며, 부드러운 풍미는 달걀과도 궁합이 잘 맞는다.

**민트**
깔끔하고 산뜻한 향과 은은한 단맛도 있다. 페퍼민트보다 스피어민트가 향이 더 부드러워서 사용하기 좋다. 샐러드의 악센트로 활용해도 좋다.

**타임**
부케가르니에 빠지지 않는 허브로, 수프나 고기요리 등에 널리 사용한다. 싱싱한 잎은 향이 강해서 적은 양으로도 악센트가 된다. 오일이나 식초에 절여도 좋다.

**고수**
중국에서는 샹차이, 태국에서는 팍치라고 부른다. 독특한 향이 강해서 호불호가 갈리지만, 최근 인기가 높아지고 있다. 디톡스 효과도 있다.

**함초(퉁퉁마디)**
염전이나 바닷가에서 자라기 때문에 자체에 짠맛이 있으며 아삭한 식감이 특징이다. 한국에서는 주로 약용으로 이용하지만, 외국에서는 생으로 먹거나 살짝 데쳐서 샐러드 등으로 먹는다

### 양파
독특한 냄새와 매운맛은 황화알릴 때문이다. 생활습관병 예방에 효과적이다. 초봄에 나오는 햇양파(사진 오른쪽)는 매운맛이 적고 식감이 부드러워 생으로 먹기 좋다.

### 적양파
자색 양파라고도 한다. 매운맛이 강하지 않고 맛이 부드러워서 생으로 먹기 좋다. 안토시아닌을 함유하고 있어 식초에 절이면 전체가 붉게 물들기 때문에, 피클을 만들어도 좋다.

### 샬롯
프렌치 요리에 빠지지 않는 향미채소. 양파의 한 종류로 크기가 작아서 미니 양파라고도 하는데, 프랑스에서는 에샬롯이라고 부른다. 속은 적양파와 비슷한 색이며, 잘게 다져서 소스나 딥에 사용하면 좋다.

### 생강
독특한 매운맛과 향 성분은 약효가 있어서 세계적으로 널리 이용한다. 갈아서 요리의 밑간을 할 때 사용하거나, 즙을 내서 피클액에 넣어도 좋다.

### 고추냉이
코끝이 찡한 특유의 매운맛 성분에는 강한 항균작용이 있다. 샐러드나 소스, 딥 등에 살짝 더하면 특별한 맛을 즐길 수 있다.

### 호스래디시
로스트비프에 곁들이거나 소스를 만들 때 사용하는 서양의 고추냉이. 시중에서 판매하는 고추냉이 가루나 튜브에 들어 있는 간 고추냉이의 원료로도 사용된다.

### 마늘
세계적으로 음식의 향을 낼 때 많이 사용하는 약용식물이며, 강장제로도 널리 이용된다. 식욕을 돋우는 향과 매운맛이 특징이다. 자극적이기 때문에 생으로 먹을 때는 조금씩 사용한다.

### 셀러리
독특한 향과 아삭아삭 씹는 맛이 특징인 향미채소. 향 성분인 아피인(Apiin)은 초조함을 가라앉히는 기능이 있다. 잎 부분에도 영양분이 많으며, 샐러드나 피클에 활용하면 좋다.

### 대파
뿌리부터 줄기까지 버리는 것 없이 활용할 수 있는 향신채소. 흰 부분을 채썬 파채는 아삭한 식감과 섬세한 향이 있어, 동양식으로 맛을 낸 샌드위치를 만들 때 악센트로 사용하기 좋다.

### 고추
매운맛 성분인 캡사이신은 위액 분비를 촉진해 소화를 돕고 식욕을 돋운다. 풋고추의 산뜻한 매운맛은 소스의 악센트로 활용하기 좋다.

### 청소엽
잎 윗면은 녹색이고 뒷면은 자줏빛을 띤다. 윗면도 자줏빛을 띠는 소엽은 차즈기라고 부른다. 향신채소 중에서도 영양가가 매우 높으며 빵에도 잘 어울린다.

### 양하
일본에서 많이 먹는 채소로, 한국에서는 주로 제주도 등 남부지방에서 재배한다. 일본 요리에 어울리는 산뜻한 향과 가벼운 식감이 특징으로, 청소엽이나 생강과 궁합이 좋아 함께 사용하면 좋다.

# 생채소 밑손질

물기를 꼼꼼히 제거하고 식감이 잘 살도록 자르면, 재료 고유의 맛을 즐길 수 있고 맛도 오래 유지된다. 생으로 먹기 때문에 특히 위생에 주의해야 한다.

## 양상추

아삭한 식감을 살리고 물기를 충분히 제거하는 것이 중요하다. 큰 잎 1장을 사용하는 양상추 샌드위치의 경우, 자르지 않고 접어서 넣으면 보기 좋게 층을 만들 수 있다.

### 기본 세척과 물기 제거

**1** 양상추는 겉잎을 벗겨낸다. 겉잎은 식감이 단단해서 생으로 먹기에는 좋지 않지만, 볶음이나 국물 요리 등에 사용할 수 있다.

**4** 10분 정도 찬물에 담가둔다. 잎이 수분을 흡수해 아삭하고 싱싱해진다.

**2** 양상추를 거꾸로 들고 작은 칼로 심을 도려낸다.

**5** 샐러드 스피너(탈수기)에 넣을 때는 물기가 빠지도록 잎의 겉면이 위를 향하게 넣는다. 거꾸로 넣으면 잎 안쪽에 물이 고이므로 주의한다.

**3** 볼에 **2**를 넣고 심을 도려낸 부분을 흐르는 물에 대서 잎이 잘 떼어지게 한다. 잎이 찢어지지 않도록 조심스럽게 떼어내고, 물을 갈아주면서 부드럽게 씻는다.

**6** 샐러드 스피너를 돌려서 물기를 충분히 제거한다.

**7** 바로 사용하지 않을 때는 지퍼백에 넣어 냉장보관한다. 지퍼백 바닥에 키친타월을 깔면 여분의 물기가 흡수되어 신선도가 오래 유지된다. 사용하기 전날 넣어도 좋다.

**8** 물기가 조금 남아 있다면 사용하기 직전에 키친타월로 살짝 눌러서 여분의 물기를 제거한다. 양상추 외에 그린 리프, 써니레터스 등의 잎채소 종류는 같은 방법으로 세척하고 물기를 제거한다.

• 사용하기 직전에 손질하는 채소

어린잎채소, 크레송, 루콜라 등 잎이 얇고 부드러운 채소를 샐러드 스피너에 넣고 강하게 회전시키면 잎이 상하기 쉽다. 세척과 물기 제거는 사용하기 직전에 하는 것이 좋으며, 잎이 상하지 않도록 조심스럽게 다룬다.

• 샌드위치용 양상추 접는 방법

양상추를 듬뿍 넣은 샌드위치는 인기가 많은데, 단면을 보기 좋게 만들기 위해서는 요령이 필요하다. 양상추를 자르지 않고 큰 잎 1장을 그대로 접어서 사용하면, 빵에 넣기도 쉽고 흩어지지 않아 먹기에도 좋다.

**1** 양상추는 큰 잎 1장을 그대로 사용한다. 단단한 심 부분은 손등으로 살짝 두드려서 섬유질을 끊어주면 먹기 편하다.

**4** 말아놓은 끝부분이 아래로 향하게 놓고, 식빵 안에 들어갈 수 있는 크기로 정리한다.

**2** 양상추의 자연스러운 곡선을 살려서 심 부분을 안쪽으로 말아 넣는다. 그런 다음 양옆을 가운데 방향으로 접는다.

**5** 위에서 손바닥으로 꾹꾹 눌러 접은 자국을 낸다. 눌렀을 때 일부가 찢어져도, 양상추의 섬유질이 이어져 있으므로 흩어지지 않는다.

**3** 양배추롤을 말듯이 잎을 그대로 만다.

**6** 양상추가 벌어지지 않아서 샌드위치를 만들 때 작업하기 편하다.

# 양배추

양배추를 생으로 샌드위치에 넣을 때는 주로 채를 썰어서 사용한다. 채썬 양배추를 그대로 사용해도 좋고, 소금에 살짝 절이거나 마리네이드해서 넣어도 맛있다. 부드러운 봄양배추는 굵게 썰거나 네모나게 썰어도 좋다.

## 칼로 채썰기

**1** 심 주위에 칼집을 넣어서 잎을 1장씩 떼어낸다.

**4** 잎을 둥글게 말아서 채썬다.

**2** 볼에 **1**을 넣고 흐르는 물로 깨끗이 씻는다. 체에 올려 물기를 뺀다.

**5** 찬물에 5분 정도 담가두면 아삭해진다.

**3** 단단한 심 부분은 잘라내거나, 칼을 비스듬히 눕혀 얇게 저민다.

**6** 샐러드 스피너에 넣고 돌려서 물기를 제거한다.

### 슬라이서로 채썰기

**1** 사용할 슬라이서 크기에 맞게 양배추를 자른다. 단단한 심은 제거한다.

**2** 슬라이서 두께를 조절해서 채썬다. 양배추가 작아지면 칼날이 손에 닿아 위험하므로, 안전장치가 있는 제품을 사용하거나 목장갑 등을 껴서 다치지 않게 주의한다. 채썬 양배추를 씻어서 찬물에 담근 뒤 물기를 제거한다.

• 슬라이서로 가늘게 채를 썰면 폭신하고 섬세한 식감을 즐길 수 있다. 소금에 살짝 절이거나 마리네이드할 경우에는, 조금 굵게 썰거나 네모나게 썰어야 존재감이 살아난다.

### 네모썰기

양배추는 세척해서 물기를 뺀 뒤, 8mm 크기로 네모나게 썬다.

• 밑간을 한다

### 소금에 절이기

마리네이드 전

마리네이드 후

채썬 양배추에 소금을 넣고 절이면 부피도 줄어들고 식감도 달라진다. 양배추 무게의 1% 분량의 소금을 넣고 주무른 뒤, 10분 정도 뒤에 물기를 짜서 사용한다.

적양배추는 잎 표면은 보라색이지만 안쪽은 흰색이기 때문에, 채썰면 단면이 하얗다. 그대로 사용해도 좋지만, 소금에 절인 뒤 식초를 조금 넣고 다시 살짝 절이면 전체가 선명한 보라색으로 물든다.

01  빵에 어울리는 기본 **생채소**

# 오이

오이는 식탁의 주인공은 아니지만, 샌드위치에 넣으면 특별한 개성이 돋보인다. 자르는 방법, 두께, 밑간하는 방법을 바꾸는 것만으로도, 다양한 샌드위치를 만들 수 있다.

### 둥글게 썰기

슬라이서를 사용해 둥글게 썬다. 두께에 따라 식감이 달라지므로 용도에 따라 알맞은 두께로 조절해서 썬다. 소금에 절일 때는 최대한 얇게 썬다.

### 어슷썰기

샌드위치를 만들 때 주로 사용하는 방법. 어슷썰면 양끝이 좁아지므로, 크기를 고려해서 사용한다.

### 세로로 슬라이스하기

꼭지를 잘라내고 길이를 2등분하여 슬라이서를 사용해 세로로 얇게 썬다. 티 샌드위치를 만들 때 어울리는 썰기로, 고급스럽고 보기 좋게 완성된다.

### 껍질을 벗기고 둥글게 썰기

**1** 꼭지를 잘라내고 필러로 껍질을 벗긴다. 서양요리에서는 오이 껍질을 벗겨서 사용하는 경우가 많다.

**2** 슬라이서를 사용해 원하는 두께로 둥글게 썬다. 껍질을 벗기면 풋내가 줄어들고, 껍질째 썬 것보다 섬세한 맛이 난다.

### 스틱모양으로 썰기

**1** 꼭지를 잘라내고 길이를 2등분한다.

**2** 세로로 8등분한다. 그대로 먹거나 피클을 만들어도 좋다.

### 깍둑썰기

스틱모양으로 썬 것을 다시 같은 두께로 잘라서 깍둑썰기한다. 샐러드나 샌드위치의 토핑으로 사용하기 좋다.

### 씨를 제거하고 어슷썰기

1 세로로 2등분하고 가운데 씨 부분을 숟가락으로 긁어낸다. 크기가 큰 여름철 오이는 씨가 많기 때문에, 씨를 제거하면 아삭한 식감을 살릴 수 있다.

2 5~8mm 두께로 어슷하게 썬다. 오이의 식감을 살린 샌드위치나 샐러드를 만들 때 적합하다.

• 밑간을 한다

### 소금에 절이기

1 둥글게 썬 오이를 계량해서, 무게의 2% 분량의 소금을 뿌리고 전체를 잘 주무른다.

2 15분 정도 그대로 둔 뒤 물기를 꽉 짠다. 식감이 달라지고 살짝 간이 배어, 샌드위치에 넣으면 존재감이 잘 살아난다.

### 마리네이드

세로로 얇게 썬 오이를 계량해서 오이 무게의 2% 분량의 소금과 흰 후추 조금, 오이 무게의 15% 분량의 식초를 뿌리고 5분 정도 두어 맛이 배어들게 한다. 심플한 티 샌드위치에 사용하면 고급스러운 맛으로 완성할 수 있다. 빵에 넣을 때는 키친타월을 대고 살짝 눌러서 여분의 수분을 제거한다. 이때 소금도 함께 제거되므로 조금 넉넉히 뿌리는 것이 포인트. 식초는 샴페인 비네거가 잘 어울린다.

# 토마토

토마토는 부드럽기 때문에 잘 드는 칼을 사용하는 것이 포인트. 씨 주위의 젤리 부분에 감칠맛이 있으므로 제거하지 않고 사용한다. 살짝 데쳐서 껍질을 벗기면 부드럽고 고급스러운 맛이 된다.

### 꼭지 제거

토마토를 통째로 사용할 때는 칼을 사용해 꼭지 주위에 칼집을 내고 꼭지를 도려낸다. 반달모양으로 썰거나 세로로 6등분하는 경우, 먼저 세로로 2등분한 뒤 꼭지 부분에 V자 모양의 칼집을 넣어 도려낸다.

### 둥글게 썰기

꼭지를 제거한 뒤 똑바로 놓고 일정한 두께로 썬다. 썰다가 얇아져서 더 이상 썰기 힘들면, 단면이 아래로 향하게 놓고 가로로 썬다.

### 반달썰기

세로로 2등분해서 꼭지를 제거한 뒤 단면이 아래로 향하게 놓고, 꼭지쪽부터 칼을 넣어 일정한 두께로 썬다.

### 세로로 썰기

먼저 세로로 2등분하고 꼭지를 제거한 뒤, 각각 같은 두께로 썬다.

### 깍둑썰기

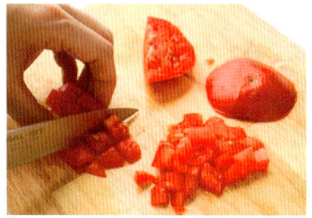

둥글게 썰거나 반달모양으로 썬 토마토를 다시 깍둑썰기한다. 샐러드나 소스를 만들 때 사용하는 방법이다. 둥글게 썰거나 반달모양으로 썰면 샌드위치에 사용하기 어려운 가장자리 부분까지 활용할 수 있다.

### • 밑간을 한다

### 소금 / 후추

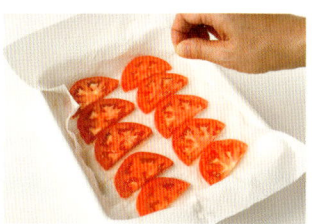

**1** 키친타월을 깐 트레이에 반달모양으로 썬 토마토를 가지런히 올리고, 표면에 소금을 살짝 뿌린다. 뒤집어서 뒷면에도 소금을 살짝 뿌린다.

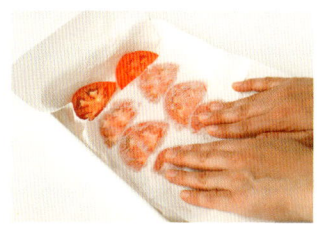

**2** 5분 정도 그대로 두고, 사용하기 전에 양면에 키친타월을 대고 살짝 눌러서 여분의 수분을 제거한다.

**3** 후추를 뿌리면 맛이 더 잘 살아난다. 함께 사용하는 재료와 소스에 따라 흰 후추와 검은 후추를 구분해서 사용한다. 섬세한 맛을 내고 싶을 때는 흰 후추, 토마토의 존재감을 살리고 싶을 때는 검은 후추를 사용한다.

- 세미드라이 토마토를 오일에 절인다

1 방울토마토를 세로로 2등분해서 단면이 위를 향하게 트레이에 올린 뒤 소금을 살짝 뿌린다. 식품건조기 (p.55 참조)를 사용해 65℃에서 2시간 정도 건조시킨다. 오븐을 사용할 경우 120℃에서 1시간 가열한다.

2 깨끗하게 소독한 유리병에 담고 방울토마토가 완전히 잠기도록 E.V. 올리브오일을 부어서 냉장보관한다. 마늘이나 허브(타임, 바질, 로즈메리 등)를 넣어 향을 더해도 좋다.

- 건조시킨다

세로로 8등분한 토마토를 식품건조기에 넣고, 65℃에서 6~10시간 정도 건조시킨다. 수분을 제거하면 오랫동안 보관할 수 있다. 완전히 말린 것은 넉넉한 찬물 또는 따뜻한 물에 불려서 사용한다. 시판제품을 사용해도 좋다.

- 데쳐서 껍질을 벗긴다

1 꼭지를 제거한 토마토를 씻은 뒤, 뒤집어서 가운데에 얕게 십자모양으로 칼집을 낸다.

2 냄비에 물을 끓여서 **1**을 넣는다. 껍질이 조금씩 벗겨지기 시작하면 바로 꺼낸다. 15초 정도가 적당하다.

3 얼음물에 담가 빠르게 식힌다. 이렇게 하면 남은 열로 토마토가 익는 것을 막을 수 있고, 온도차에 의해 껍질이 잘 벗겨진다.

4 칼집을 낸 부분의 껍질을 손으로 벗긴다. 키친타월을 깐 트레이에 올리고, 표면 물기를 제거해서 사용한다.

- 방울토마토를 데쳐서 껍질을 벗긴다

방울토마토는 꼭지 옆에 칼집을 넣어, 꼭지를 완전히 잘라내지 않고 껍질에 붙어 있는 상태로 뜨거운 물에 넣는다. 크기가 작아서 빨리 익기 때문에 바로 건져낸다. 꼭지 부분을 잡아당기면 껍질이 잘 벗겨진다.

01 빵에 어울리는 기본 **생채소**

# 당근

생당근은 빵과 궁합이 좋고 샌드위치에 사용하면 색깔과 식감의 악센트가 된다.
채썰어서 밑간을 하면 부피가 줄어 샌드위치에 듬뿍 넣을 수 있다.

### 스틱모양으로 썰기

**1** 필러로 껍질을 벗기고 꼭지와 끝부분을 잘라낸다.

**2** 길이를 2등분한다.

**3** 세로로 3등분한다. 얇은 당근은 2등분한다.

**4** 다시 3~4등분한다. 피클을 만들거나 그대로 먹는다.

### 강판으로 채썰기

채소용 강판 또는 4면 치즈강판(p.54 참조)의 거친 면을 사용해 채를 썬다. 칼로 썰면 깔끔하게 썰려서 아삭한 식감을 살릴 수 있지만, 맛이 잘 배지 않는다. 강판을 사용하면 맛이 잘 배고 부드럽게 완성된다.

### 전동 슬라이서로 채썰기

많은 양이 필요할 경우에는 전동 슬라이서(p.54 참조)를 사용하면 편리하다. 힘들이지 않고 빨리 썰 수 있다.

### 필러로 얇게 썰기

필러를 사용해 껍질을 벗기듯이 얇게 썬다. 당근을 돌리면서 슬라이스하면 같은 두께로 썰 수 있다.

• 밑간을 한다

### 소금에 절이기

채썬 당근 무게의 1% 분량의 소금을 넣고 주물러서 밑간을 한다. 당근 특유의 냄새가 약해져서 그대로 먹어도 맛있고, 부피가 줄어 빵에 넣기도 좋다. 취향에 따라 흰 후추를 조금 뿌려도 좋다.

### 마요네즈에 무치기

소금에 절인 뒤 흰 후추를 조금 뿌리고 마요네즈를 넣어 무친다. 마요네즈의 분량은 당근 무게의 20%가 기준이다. 당근라페(p.35 참조)와는 다른 심플한 맛으로, 샌드위치에 다양하게 활용할 수 있다. 당근 소금절임 대신 사용하면 다른 식재료와 잘 어우러진다.

• 당근과 무를 단촛물에 절인다

**1** 당근은 껍질을 벗기고 5cm 길이로 자른다. 슬라이서를 사용해 2mm 두께로 얇게 썬다.

**2** 1cm 폭으로 썬다.

**3** 무는 5cm 길이로 자르고 껍질을 두툼하게 벗긴다.

**4** 슬라이서를 사용해 3mm 두께로 얇게 썬다. 무는 소금에 절이면 부피가 줄기 때문에, 당근과 함께 사용할 때는 당근보다 조금 두껍게 썰어야, 식감의 균형이 잘 맞는다.

**5** 1cm 폭으로 썬다.

**6** 당근과 무를 합친 무게의 2% 분량의 소금을 넣고 주무른다. 무를 당근보다 2~3배 더 많이 넣으면 균형이 잘 맞는다.

**7** 15분 정도 그대로 둔 뒤 체에 올려 물기를 제거하고 살짝 짠다.

**8** 단촛물을 넣고 섞는다. 단촛물의 분량은 당근과 무를 짠 것 200g에 대해 쌀식초 15㎖, 물 15㎖, 사탕수수설탕 30g을 섞은 것이 기준이다. 반미 등 동남아 스타일의 샌드위치에 잘 어울린다.

## 양파

양파는 샌드위치에서 향과 식감의 악센트로 자주 활용하는 채소이다. 햇양파나 적양파는 매운맛이 적어 생으로 먹기 좋다. 매운맛이 강할 때는 물 또는 식촛물에 담갔다가 물기를 빼서 사용한다.

### 다지기

**1** 칼을 사용해 위쪽을 잘라내고, 갈색 껍질을 잡아당겨서 벗긴다. 뿌리는 잘라낸다.

**2** 씻어서 세로로 2등분한다.

**3** 단면이 아래로 향하게 놓고, 뿌리쪽까지 완전히 잘리지 않도록 세로로 얇게 칼집을 낸다. 그런 다음 가로로 3~4곳에 칼집을 낸다.

**4** 위쪽부터 뿌리쪽을 향해 잘게 썬다.

### 슬라이서로 얇게 썰기 (결과 반대로)

세로로 2등분한 양파를 슬라이서로 얇게 썬다. 뿌리쪽이 위로 오게 잡고, 위쪽부터 결과 반대로 썬다. 결과 반대로 썰면 매운맛이 쉽게 빠지고 자연스러운 단맛이 난다. 식감이 부드러워서 생으로 먹기에도 좋다.

### 칼로 얇게 썰기 (결대로)

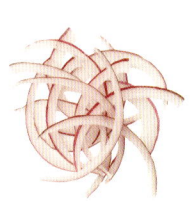

**1** 세로로 2등분한 양파의 뿌리쪽에 V자 모양의 칼집을 내서 잘라낸다.

**2** 단면이 아래로 향하게 놓고 결대로 썬다. 결대로 썰면 아삭한 식감이 잘 산다. 생으로 먹으려면 매운맛이 적은 햇양파나 적양파를 사용한다. 가열할 때도 식감을 살릴 수 있는 썰기로 유용하다.

# 셀러리

셀러리의 아삭한 식감과 산뜻한 향은 샌드위치에도 잘 어울린다. 채썰거나 얇게 썰면 특유의 향과 맛이 약해지므로, 조금씩 사용해보자.

### 얇게 썰기

**1** 잎과 줄기로 나눈다. 잎은 볶음이나 조림 요리의 향을 낼 때 사용한다.

**2** 밑동을 잘라내고 필러를 사용해 단단한 심줄을 제거한다.

**3** 원하는 두께로 썬다. 악센트로 사용할 때는 얇게 썰고, 식감을 즐기고 싶을 때는 3~5mm 두께로 썬다.

### 슬라이서로 얇게 썰기

슬라이서를 사용해 얇게 썰어도 좋다. 얇고 고르게 썰리기 때문에, 소금에 절여서 샌드위치에 듬뿍 넣을 수 있다.

### 다지기

결을 따라 세로로 가늘게 썬 뒤, 모아서 다시 잘게 썬다. 샐러드 등에 다진 양파 대신 사용하면 매운맛 없이 산뜻하게 완성할 수 있다.

- 밑간을 한다

### 소금에 절이기

**1** 얇게 썬 셀러리에 무게의 1% 분량의 소금을 넣고 주무른다. 소금 간이 배면 독특한 맛과 향이 약해지기 때문에, 생으로 넣는 것보다 먹기 좋다.

**2** 5분 정도 그대로 두었다가 살짝 물기를 짠다. 취향에 따라 흰 후추를 조금 뿌려도 좋다.

01 빵에 어울리는 기본 **생채소**

# 파프리카

선명한 색깔로 샌드위치의 색감을 살려주는 중요한 재료이다.
안쪽의 흰 부분을 꼼꼼히 제거하면 식감이 좋아진다.

모양이 같게
채썰기

네모썰기

모양을 살려서
채썰기

## 모양이 같게 채썰기 · 네모썰기

**1** 위아래를 잘라낸다.

**4** 안쪽의 흰 부분을 잘라낸다.

**2** 씨를 제거한다. 손으로 떼어내기 어려우면 칼을 사용해도 좋다.

**5** 일정한 두께로 길게 채썬다. 위아래를 잘라내면 길이는 짧아지지만 크기가 고르게 된다. 고급 샌드위치나 피클을 만들 때 유용한 방법이다.

**3** 세로로 자른다.

**6** 잘라놓은 위아래 조각은 5mm 크기로 네모나게 썰어서 소스나 토핑에 사용한다.

## 모양을 살려서 채썰기

**1** 세로로 2등분하고 씨를 제거한다. 다시 2등분해서 안쪽의 흰 부분을 제거한다.

**2** 일정한 두께로 길게 채썬다. 파프리카의 모양을 자연스럽게 살려서 위아래가 구부러지고 두께가 고르지 않은 부분도 있지만, 남는 것 없이 모두 사용할 수 있다.

• 피망

샌드위치에 사용할 때는 세로로 2등분해서 씨를 제거한 뒤 길게 채썬다. 파프리카에 비해 얇고 작기 때문에 남는 부분이 없도록 모양을 살려서 써는 것이 좋다.

• 밑간을 한다
### 소금에 절이기

채썬 파프리카를 소금에 절이면 파프리카의 단맛과 신맛이 잘 살아난다. 소금의 양은 파프리카 무게의 1% 분량이 기준이다. 물기를 살짝 짜서 사용한다. 부피가 줄어서 샌드위치에 듬뿍 넣을 수 있으므로, 파프리카가 주인공인 샌드위치에 알맞은 방법이다.

## 주키니

생주키니는 오독오독 씹히는 독특한 식감이 특징이다. 물이 잘 생기지 않아 샌드위치에 사용하기 좋은 채소이다.

1 위아래를 잘라낸다.

2 슬라이서를 사용해 둥글게 썬다.

### 전용 커터로 국수처럼 썰기

채소면 커터(p.54 참조)를 사용하면 주키니를 가늘고 긴 국수처럼 썰 수 있다. 다양한 채소를 같은 방법으로 썰 수 있지만, 해외에서는 주키니 면이 가장 인기가 많아 「주들」이라고 부르기도 한다. 사진은 노란색 주키니를 사용한 것.

## 여주

선명한 녹색이 보기 좋고, 특유의 쓴맛과 아삭한 식감은 샌드위치 속에서도 빛을 발한다. 얇게 썰면 부드러워서 먹기 좋고, 두껍게 썰면 식감을 살릴 수 있다.

1 세로로 2등분하고 스푼을 이용해 씨와 속을 제거한다. 속은 비타민C가 풍부하고 쓴맛도 적기 때문에 완전히 제거할 필요는 없다.

2 양끝을 잘라내고 일정한 두께로 얇게 썬다.

### • 밑간을 한다
### 소금에 절이기

여주를 소금에 절이면 쓴맛이 약해져서 먹기 좋다. 소금의 양은 여주 무게의 2% 분량이 기준이다. 굵게 간 검은 후추를 뿌리면 맛이 잘 어우러진다. 가다랑어포와 함께 사용하면 감칠맛이 더해지고, 가다랑어포가 여분의 수분을 흡수해 빵에 넣기 좋다.

## 콜리플라워

데친 콜리플라워는 부드럽지만 생으로 아삭한 식감을 살려도 샌드위치에 잘 어울린다. 단단하기 때문에 얇게 써는 것이 좋다.

1 콜리플라워는 송이송이 작게 나눠서 씻고 물기를 제거한다.

2 세로로 얇게 썬다.

### • 밑간을 한다
### 마리네이드

얇게 썬 콜리플라워를 계량해서 무게의 1% 분량의 소금과 흰 후추를 조금 뿌린 뒤, 콜리플라워 무게의 15% 분량의 화이트와인 비네거를 뿌린다. 살짝 밑간만 해도 풍미가 잘 살아서, 샌드위치에 넣으면 존재감이 강해진다.

01 빵에 어울리는 기본 **생채소**

# 양송이

유럽과 미국에서는 생으로 얇게 썰어서 샐러드를 만드는 경우가 많은데, 부드러운 식감과 은은한 맛이 빵과 잘 어울린다. 색이 빨리 변하므로 싱싱한 것을 사용한다.

**1** 밑동을 조금 잘라내고 키친타월로 표면의 불순물을 부드럽게 닦아낸다. 기둥에 불순물이 보이면 갓과 기둥 사이에 칼을 대고 껍질을 벗긴다. 껍질을 벗기면 식감이 좋아지고 맛이 잘 배어든다.

**2** 일정한 두께가 되도록 세로로 썬다. 슬라이서를 이용해 얇게 썰어도 좋다.

• 밑간을 한다
**마리네이드**

얇게 썬 양송이버섯에 소금, 흰 후추, 레몬즙을 전체적으로 조금씩 뿌려 밑간을 한다. 레몬향이 양송이 특유의 향과 담백한 맛을 잘 살려준다.

# 셀러리악

셀러리악은 아삭한 셀러리의 향이 있지만, 익히면 부드러운 고구마 같은 식감이 된다. 채 썰어서 샐러드나 샌드위치에 사용한다.

**1** 울퉁불퉁한 껍질은 두껍게 벗긴다. 껍질은 향이 있기 때문에, 국물이나 조림 요리의 맛을 낼 때 사용할 수 있다.

**2** 슬라이서로 얇게 썬다. 단단하므로 손을 조심한다.

**3** 채썬다. 가늘게 썰면 생으로 먹기 좋고 아삭한 식감을 즐길 수 있다.

# 대파

대파를 샌드위치에서 주재료로 사용하지는 않지만, 대파의 흰 부분은 아시아 요리 느낌으로 맛을 낼 수 있다. 동양풍 샌드위치의 악센트로 사용할 수 있다.

**1** 녹색 부분은 잘라내고 흰 부분을 5㎝ 길이로 썬다.

**2** 세로로 칼집을 내고 안의 심을 제거한다. 심은 다져서 국물이나 볶음 요리에 사용한다.

**3** 대파의 흰 부분을 겹쳐서 놓고 결을 따라 세로로 가늘게 썬다. 찬물에 담가 아삭하게 만든 뒤 물기를 빼서 사용한다.

# 허브

샌드위치의 악센트로 사용하거나 소스에 풍미를 더하는 등 허브를 어떻게 사용하는지에 따라 샌드위치의 맛이 달라진다. 생으로 먹는 경우에는 기본적으로 잎 부분만 사용한다.

## 이탈리안 파슬리

1 한 손으로 줄기를 잡고 다른 손으로 잎을 살짝 잡아당겨 떼어낸다. 이탈리안 파슬리의 줄기는 다른 허브와 함께 부케가르니로 사용하면 국물이나 조림 요리에 풍미를 더할 수 있다.

2 잎을 채썬다. 부드러워서 으깨지기 쉬우므로 잘 드는 칼을 사용한다. 토핑으로 사용할 때는 그대로 사용해도 좋다.

3 방향을 90° 돌려서 좀 더 곱게 다진다. 소스에 넣을 때는 다져서 사용하는 것이 좋다.

## 딜

잎이 가늘고 섬세하므로 망가지지 않도록 잎 아래쪽을 살짝 잡고 줄기에서 떼어낸다. 용도에 따라 다시 잘게 찢어서 사용한다.

## 민트

잎을 살짝 잡고 부드럽게 잡아당겨 1장씩 떼어낸다. 토핑으로 사용할 경우에는 끝부분의 4장을 그대로 사용한다.

### • 허브 보관방법

허브는 섬세하고 쉽게 마른다. 숨이 죽었을 때는 찬물에 담가 싱싱하게 만든 뒤, 물기를 제거하고 사용한다. 보관할 때는 살짝 물에 적신 키친타월로 감싸고, 밀폐용기에 담아 냉장보관한다.

## 바질

잎을 살짝 잡고 부드럽게 잡아당겨 1장씩 떼어낸다. 잎 크기가 다양하므로, 용도에 맞게 자르거나 찢어서 사용한다.

## 고수

줄기도 생으로 먹을 수 있으므로 잎과 함께 잘게 다져서 사용한다. 뿌리는 조림이나 볶음 등 가열 조리에 알맞다.

01 　빵에 어울리는 기본 **생채소**

# 생채소 마리네이드

생채소를 식초나 소금에 절이면 재료의 맛이 잘 살아날 뿐 아니라 오래 보관할 수 있다. 식초를 사용하는 피클은 양념재료만 섞으면 만들 수 있어 간편하다. 채소와 소금으로 만드는 젖산발효 피클은 완성되는 데 시간이 걸리지만, 특별한 향과 신맛으로 빵에도 잘 어울린다.

## 허니 피클

피클액에 꿀을 듬뿍 넣어 지나치게 시지 않고 부드러운 맛으로 만든 허니 피클은, 빵에 곁들이거나 샌드위치 재료로 널리 활용할 수 있다.

**재료(만들기 쉬운 분량)**
좋아하는 생채소* 450g
피클액
　화이트와인 비네거(또는 쌀식초,
　　사과식초 등 취향에 따라 사용)
　　200㎖
　꿀 60g
　핑크페퍼(통) 10알
　월계수잎 1장
　소금 10g
　흰 후추(통) 10알

* 여기서는 오이 150g, 당근 150g, 파프리카(빨강, 노랑) 150g을 사용.

1 피클액을 만든다. 꿀 외의 재료와 물 200㎖를 냄비에 넣고 가열해서 끓어오르면, 약불에서 5분 더 끓인다. 불을 끄고 꿀을 넣어 섞은 뒤 한김 식힌다.

2 좋아하는 생채소를 스틱모양으로 잘라 밀폐용기에 담고 **1**을 붓는다. 냉장고에서 하룻밤 이상 재워 맛이 배어들게 한다.

## 오이 · 파프리카 · 적양파 즉석피클

물을 넣지 않고 진하게 만든 피클액으로 채소의 수분을 빼면서 마리네이드한다. 단시간에 맛이 잘 배기 때문에 샌드위치용으로 간단하게 만들 수 있다.

**재료(만들기 쉬운 분량)**
좋아하는 생채소* 300g
피클액
　화이트와인 비네거(또는 쌀식초,
　　사과식초 등 취향에 따라 사용)
　　150㎖
　사탕수수 설탕 10g
　소금 10g
　흰 후추 조금

* 여기서는 오이 120g, 파프리카(빨강, 노랑) 120g, 적양파 60g을 사용.

1 피클액을 만든다. 모든 재료를 냄비에 넣고 중불에 올려, 소금을 녹이면서 섞는다. 끓으면 불을 끈다.

2 좋아하는 생채소를 스틱모양으로 자르거나 얇게 썰어서 밀폐용기에 담고 **1**을 붓는다. 비닐랩을 재료 표면에 밀착되게 씌운 뒤, 30분~반나절 정도 냉장고에 넣어두고 맛이 배어들게 한다.

# 사워크라우트

독일어로「시큼한 양배추」를 의미하며, 젖산발효시킨 양배추 또는 그 양배추를 사용한 요리를 말한다. 독일과 인접한 프랑스의 알자스 지방에도「슈쿠루트(Choucroute)」라고 부르는 같은 요리가 있다. 직접 만든 사워크라우트는 수입해서 판매하는 병조림이나 통조림 사워크라우트에 비해 짠맛과 신맛이 강하지 않아 샐러드처럼 먹을 수 있다. 지퍼백을 사용하면 간편하게 만들 수 있다.

**재료(만들기 쉬운 분량)**
양배추 1통
소금 양배추 무게의 2.5%
캐러웨이 씨 1/3작은술
주니퍼베리 1/3작은술

**1** 양배추는 겉잎을 떼어내고 채 썬다. 씻어서 샐러드 스피너에 넣고 물기를 제거한 뒤, 지퍼백에 담는다.

**2** 지퍼백에 소금, 캐러웨이 씨, 주니퍼베리를 넣고 전체가 잘 섞이도록 주물러준다. 양배추에서 수분이 빠져나와 전체가 촉촉해질 때까지, 15분 정도 상온에 둔다.

**3** 공기를 빼고 밀봉한다. 기온이 높은 계절에는 그대로 상온에서 발효시켜도 좋다.

↓ 기온이 낮은 시기에는

**4** 완성에 가까워지면 양배추가 발효되어 기포가 생기고 시큼한 발효향이 난다. 양배추 색이 연한 녹색에서 흰색으로 변한다. 맛을 보고 적당히 신맛이 느껴지면 냉장보관한다.

겨울철에는 발효가 잘 진행되지 않으므로, 요거트 메이커를 사용해 온도를 조절해도 좋다. 요거트 메이커 전용병에 **2**를 넣고, 그 위에 **1**에서 떼어낸 겉잎을 깨끗이 씻은 뒤 접어서 넣는다.

요거트 메이커를 25℃로 설정하고, 뚜껑을 닫은 병을 넣어 72시간 동안 보온한다. 보온 중에도 양배추가 국물 위로 올라오지 않도록 눌러준다.

# 당근라페

심플한 당근샐러드는 프랑스에서 많이 먹는 음식이다. 라페(râper)는 경질치즈나 단단한 생채소, 레몬 껍질 등을 강판에 갈아 가루로 만들거나 잘게 자른 것을 말하는데, 당근라페는 날카로운 칼보다 강판을 사용해야 맛이 잘 배어들고 식감이 부드러워져 먹기 좋게 완성된다.

**재료(만들기 쉬운 분량)**
당근(채썬, p.26 참조) 300g
건포도 30g
레몬즙 2큰술
디종 머스터드 1작은술
소금 4g
흰 후추 조금
E.V. 올리브오일 2큰술

**1** 볼에 당근을 담고 소금을 넣어 전체를 골고루 섞는다.

**2** 레몬즙, 디종 머스터드, 흰 후추, 올리브오일을 다른 볼에 넣고, 거품기로 전체를 골고루 섞어 유화시킨다.

**3** **1**에 **2**와 건포도를 넣고 전체를 섞는다. 30분 이상 냉장고에 넣어두고 맛이 배어들게 한다. 바로 먹어도 되지만, 반나절 이상 두면 신맛과 단맛이 균형을 이룬다.

01 　빵에 어울리는 기본 **생채소**

## 카레향 콜리플라워피클

담백한 콜리플라워는 식초에 절여도 식감이 좋아서 피클을 만들기 좋다. 카레향 나는 새콤달콤 피클액이 콜리플라워의 개성을 살려준다.

**재료(1ℓ 밀폐용 유리병 1개 분량)**
콜리플라워 1개
피클액
　화이트와인 비네거 300㎖
　사탕수수 설탕 40g
　카레가루 1작은술
　마늘 3g
　월계수잎 1장
　홍고추(씨 제거) 1/2개
　소금 6g

**1** 콜리플라워를 송이송이 작게 나눠서 씻은 뒤, 물기를 제거하고 깨끗한 밀폐용 유리병에 담는다. 피클액의 모든 재료와 물 150㎖를 냄비에 넣고 중불에 올려서 끓어오르면 약불로 줄이고, 5분 정도 더 끓인다. 뜨거울 때 밀폐용 유리병에 붓는다.

**2** 한김 식으면 뚜껑을 덮어서 냉장고에 넣어둔다. 2일 정도면 맛이 잘 배어든다.

## 오이딜피클

식초를 사용하지 않고 소금물로 절여서 젖산발효시킨 피클로, 딜의 향과 상큼한 신맛의 균형이 절묘하다. 콜리플라워도 같은 방법으로 만들 수 있다.

**재료(만들기 쉬운 분량)**
오이[여기서는 게르킨(p.14 참조) 사용] 350g
딜 2~3줄기
마늘(껍질, 심 제거) 1/2쪽
월계수잎 1장
홍고추(씨 제거) 1/2개
머스터드 씨 1/3작은술
소금 30g
흰 후추(통) 1/3작은술

**1** 오이와 딜은 씻어서 물기를 제거한 뒤 깨끗한 밀폐용 유리병에 담는다. 마늘, 월계수잎, 홍고추, 머스터드 씨, 소금, 흰 후추와 물 600㎖를 냄비에 넣고 중불에 올려서 끓으면 불을 끈다. 한김 식으면 병에 붓는다. 오이가 소금물에 잠겨야 한다.

**2** 상온에서 3~7일 정도 그대로 둔다. 발효가 시작되면 기포가 올라오기 때문에, 매일 뚜껑을 열어서 기포를 뺀다. 소금물이 뿌옇게 변하면 맛을 보고, 상큼한 신맛이 나면 냉장보관한다. 신맛이 부족할 경우에는 좀 더 상온에 둔다. 날씨가 추울 때는 요거트 메이커를 사용해도 좋다.

## 올리브 마리네이드

피클과 함께 만들어두면 유용한 올리브 마리네이드. 병조림이나 통조림 올리브에도 조금만 정성을 더하면 샌드위치에 어울리는 특별한 맛이 된다.

**재료(만들기 쉬운 분량)**
믹스 올리브(그린과 블랙을 섞어서) 250g
좋아하는 허브(이탈리안 파슬리, 타임 등) 2줄기
마늘(간) 1/4쪽 분량
화이트와인 비네거 1큰술
소금 1/3작은술
흰 후추 조금
E.V. 올리브오일 2큰술

볼에 화이트와인 비네거, 소금, 흰 후추를 넣고 거품기로 섞는다. 믹스 올리브, 다진 허브, 마늘을 넣고 살짝 섞은 뒤 올리브오일을 붓는다. 바로 먹어도 되지만, 냉장고에서 반나절 이상 재워두면 맛이 잘 배어든다.

# 시판 마리네이드

오이피클이나 사워크라우트는 시판제품을 쉽게 구할 수 있기 때문에, 소량만 필요할 때 간편하게 이용할 수 있다. 브랜드마다 신 정도나 식감이 다르기 때문에 취향에 맞는 제품을 찾아보자.

### 코르니숑
코르니숑은 프랑스어로 작은 오이를 의미하는데, 그 오이로 만든 피클도 코르니숑이라고 부른다. 프랑스산은 톡 쏘는 신맛과 아삭한 식감이 특징이다. 고급햄으로 만든 바게트 샌드위치「장봉뵈르」에는 코르니숑을 곁들인다. 고기요리에도 잘 어울린다.

### 딜피클
딜을 넣은 게르킨 피클은 딜피클이라고도 부르며, 햄버거나 핫도그에 꼭 필요한 재료이다. 크기는 코르니숑보다 조금 크고 식감은 부드러우며 신맛이 강하지 않다. 딜의 산뜻한 향이 특징이다.

### 오이 아사즈케
일본식 피클인 오이 아사즈케는 수분이 많아 하드계열의 빵에는 어울리지 않지만, 부드러운 식빵이나 롤빵에는 잘 어울린다. 모로미 미소나 간 매실절임, 청소엽과 조합하면 균형이 잘 맞아서, 새로운 스타일의 샌드위치를 만들 수 있다.

### 스위트 렐리시
북미에서 많은 사랑을 받는 다진 오이로 만든 피클. 핫도그 또는 햄버거에 곁들이거나 타르타르소스에 사용한다. 샌드위치에 소스 대신 살짝 넣어도 좋다.

### 풋고추 초절임
스페인 바스크 지방의 오픈샌드위치인 핀초스(Pinchos)에 꼭 필요한 재료로, 부드러운 매운맛과 신맛이 특징이다. 올리브, 안초비와 함께 조합하는 것이 기본. 많이 맵지 않으므로 그대로 빵에 넣거나, 다져서 소스를 만들거나, 양념의 악센트로 사용한다.

### 올리브 소금절임
올리브는 채소가 아닌 과일이지만, 이 책에서는 생채소의 맛을 살리는 재료로 사용한다. 병조림이나 통조림 올리브는 소금물에 절인 것이다. 씨를 뺀 올리브는 다져서 샌드위치에 넣거나 소스에 사용한다. 씨가 있는 것은 샐러드나 마리네이드에 사용한다.

### 사워크라우트
채썬 양배추를 소금에 절여 발효시킨 독일의 저장식. 병조림이나 통조림으로 판매하는 수입품을 많이 사용한다. 짠맛이나 신맛이 지나치게 강하면 물에 담가 짠맛을 빼거나 무염버터를 넣고 살짝 볶아서 사용한다.

### 적양배추 초절임
선명한 색깔이 인상적인 적양배추 초절임은 새콤달콤하고 깔끔한 맛이다. 샌드위치의 색감을 위해 간편하게 사용할 수 있다. 사워크라우트의 신맛을 좋아하지 않는 사람도 먹기 좋으며, 핫도그에도 어울린다.

### 블랙트러플 오일절임
얇게 썬 블랙트러플을 오일에 절인 것으로, 소량으로도 트러플의 풍부한 향을 느낄 수 있다. 다져서 버터와 섞은 트러플 버터는 최고의 맛을 자랑한다. 가격이 비싸지만 한 번 먹어보면 그 가치를 실감할 수 있다.

01 빵에 어울리는 기본 **생채소**

# 생채소에 어울리는 기본 소스

## 마요네즈

샌드위치를 만들 때 가장 많이 사용하는 소스는 마요네즈이다. 재료는 달걀, 식초, 오일, 그리고 소금과 후추. 손쉽게 사용할 수 있는 시판제품도 많지만, 심플하면서도 엄선한 재료로 만든 수제 마요네즈의 맛은 특별하다. 달걀흰자를 빼고 노른자만으로 만들면 깊고 풍부한 맛이 된다. 직접 만들면 원하는 맛으로 만들 수 있으며, 시판제품도 잘 활용할 수 있게 된다. 식초와 오일의 종류를 바꾸거나, 머스터드를 더하거나, 플레인 마요네즈를 베이스로 허브와 향신료 등을 조합하여 응용해도 좋다.

**재료(만들기 쉬운 분량)**
달걀노른자* 1개 분량
화이트와인 비네거(또는 레드와인 비네거, 쌀식초, 사과식초 등 취향에 따라) 1큰술
소금 1/2작은술
흰 후추 조금
생참기름(또는 식용유) 180㎖

\* 노른자와 흰자를 모두 사용해서 만들 수도 있다. 흰자가 들어가면 담백하게 완성된다.

**1** 노른자는 상온에 둔다. 볼에 노른자와 화이트와인 비네거를 넣고 거품기로 저어서 섞는다.

- 노른자가 차가우면 유화가 안 되어 실패의 원인이 된다.

**2** 소금, 흰 후추를 넣고 소금을 녹이면서 골고루 섞는다.

**3** 생참기름을 조금씩 졸졸 넣으면서 골고루 섞는다. 이때 볼 밑면이 들어가는 크기의 냄비에 젖은 면보를 깔고, 그 위에 볼을 올려서 움직이지 않게 고정하는 것이 좋다.

**4** 중간중간 참기름을 넣는 것을 멈추고, 기름이 잘 섞여서 끈기가 생길 때까지 젓는다. 거품을 내는 것이 아니라 볼 바닥에 거품기를 밀착시켜서 젓는다. 기름을 넣을 때마다 충분히 유화시킨다.

**5** 서서히 걸쭉해지면서 묵직해진다. 부드럽게 만들고 싶을 때는 기름을 적게 넣고, 되직하게 만들고 싶을 때는 넉넉하게 넣는다. 맛을 보고 부족하면 소금, 흰 후추를 넣는다.

- **핸드블렌더로 만든다**

재료를 한꺼번에 넣고 만들 수 있다. 노른자 1개 분량일 경우 잘 유화되지 않으므로, 달걀 1개를 모두 넣는다.

**만드는 방법** 입구가 넓은 병 또는 핸드블렌더용 용기에 생참기름 외의 재료를 모두 넣는다. 핸드블렌더를 바닥에 밀착시킨 상태로 스위치를 켠다. 유화되어 끈기가 생기면, 핸드블렌더를 위아래로 움직여서 전체를 섞는다.

# 두유마요소스

달걀 알레르기가 있거나 비건인 사람뿐 아니라 마요네즈를 좋아하는 사람도, 먹어보면 좋아하는 「달걀을 사용하지 않는 마요네즈 스타일 소스」. 깔끔하고 특별한 맛이나 향이 없어서 생채소의 맛을 잘 살려주기 때문에 마요네즈처럼 사용할 수 있다. 핸드블렌더를 사용하면 빨리 유화되어 마요네즈 상태가 된다.

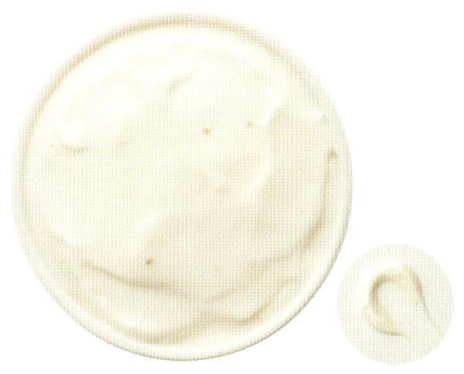

**재료(만들기 쉬운 분량)**
두유(무조정) 50㎖
쌀식초(또는 화이트와인 비네거, 사과식초 등 취향에 따라) 1큰술
소금 1/3작은술
흰 후추 조금
생참기름(또는 식용유) 100㎖

**1** 입구가 넓은 병 또는 핸드블렌더용 용기에 생참기름 이외의 재료를 넣고, 핸드블렌더로 소금이 식초에 녹을 때까지 섞는다.

**2** 생참기름을 넣고 핸드블랜더를 바닥에 밀착시킨 상태로 스위치를 켠다. 유화되어 끈기가 생기면 핸드블렌더를 위아래로 움직이면서 전체를 섞는다.

# 연유마요소스

마요네즈에 연유의 밀키한 단맛을 더하면 신맛이 약해져서 부드러운 맛이 된다. 샐러드에 뿌리면 단맛이 강하게 느껴지지만, 생채소 샌드위치에 조합하면 빵의 풍미가 잘 살아서 균형있게 완성된다. 취향에 따라 연유를 꿀로 바꿀 수도 있지만, 질감이 달라지기 때문에 살짝 묽어진다.

**재료(만들기 쉬운 분량)**
마요네즈 50g
연유 10g

모든 재료를 넣고 골고루 섞는다.

# 허브마요소스

마요네즈와 사워크림을 조합하면 가벼운 신맛과 우유의 풍미가 인상적인 소스가 된다. 싱싱한 허브를 듬뿍 넣어 산뜻하게 완성한다. 플레인 마요네즈 대신 허브마요소스를 사용하면 재료의 신선함이 잘 살아난다.

**재료(만들기 쉬운 분량)**
마요네즈 50g
사워크림 40g
딜, 처빌, 이탈리안 파슬리 등(다진) 3g
소금, 흰 후추 조금씩

모든 재료를 넣고 골고루 섞는다.

01　빵에 어울리는 기본 **생채소**

## 바질소스

허브 중에서도 인기가 많은 바질을 소스로 만들면 샌드위치에 사용하기 좋고, 산뜻한 향도 즐길 수 있다. 맛이 살짝 부족할 때 아주 조금만 빵에 발라도 느낌이 달라진다. 바질을 많이 샀을 때 한꺼번에 만들고 조금씩 나눠서 냉동해두면 필요할 때 간편하게 사용할 수 있다.

**재료(만들기 쉬운 분량)**
바질잎　30g
마늘(껍질, 심 제거)　2g
소금　1/4작은술
E.V. 올리브오일　80㎖

**1** 블렌더 용기에 모든 재료를 넣고 간다. 여기서는 블렌더를 사용하지만, 양이 적을 때는 핸드블렌더를 사용한다.

**2** 중간중간 용기 옆면에 묻은 것들을 고무주걱으로 모아주면서, 전체가 매끈해질 때까지 간다.

## 타프나드

블랙올리브, 안초비, 케이퍼로 만든 프랑스 프로방스 지역의 페이스트로, 샐러드나 삶은 달걀에 잘 어울린다. 재료 자체의 맛과 짠맛이 강하기 때문에, 샌드위치에는 악센트로 조금만 사용한다. 심플한 생채소 샌드위치도 타프나드를 더하면 깊은 맛으로 완성된다.

**재료(만들기 쉬운 분량)**
블랙올리브(씨 제거)　80g
안초비　20g
케이퍼　15g
마늘(껍질, 심 제거)　3g
E.V. 올리브오일　50㎖

**1** 입구가 넓은 병 또는 핸드블렌더용 용기에 올리브오일 이외의 재료를 넣고 핸드블렌더로 전체가 매끈해질 때까지 섞는다.

**2** 올리브오일을 넣고 핸드블렌더를 바닥에 밀착시킨 상태로 스위치를 켠다. 유화되어 끈기가 생기면 핸드블렌더를 위아래로 움직이면서 전체를 섞는다.

# 양파드레싱

생채소 샐러드에는 식초, 오일, 소금, 후추로 만든 심플한 비네그레트소스가 기본이지만, 샌드위치에 활용하려면 어느 정도 걸쭉해야 한다. 이 책에서는 기본 드레싱에 양파를 넣어 채소의 향을 더한 걸쭉한 드레싱을 사용한다. 이 드레싱을 마요네즈와 조합하면 샌드위치에 사용하기 좋은 농도가 된다.

**재료(만들기 쉬운 분량)**
양파(굵게 다진) 200g
마늘(껍질, 심 제거) 3g
디종 머스터드 15g
화이트와인 비네거 150㎖
꿀 20g
소금 10g / 흰 후추 0.5g
생참기름(또는 식용유) 140㎖
E.V. 올리브오일 100㎖

**1** 입구가 넓은 병 또는 핸드블렌더용 용기에 생참기름과 올리브오일 이외의 재료를 넣고 핸드블렌더로 양파가 퓌레 상태가 될 때까지 섞는다.

**2** 생참기름과 올리브오일을 넣고, 핸드블렌더를 바닥에 밀착시킨 상태로 스위치를 켠다. 유화되어 끈기가 생기면 핸드블렌더를 위아래로 움직이면서 전체를 섞는다.

# 케카소스

신선한 토마토와 바질로 만드는 이탈리아의 차가운 토마토소스. 토마토를 뜨거운 물에 데쳐서 껍질을 벗기면 토마토의 단맛이 잘 살고 식감도 좋아진다. 프루트토마토가 좋지만 일반 토마토나 방울토마토로 만들어도 맛있다. 신맛이 강하면 꿀을 더해 단맛이 느껴질 정도로 조절한다.

**재료(만들기 쉬운 분량)**
프루트토마토 200g
바질 5g
마늘(간) 3g
꿀 1작은술
소금, 흰 후추 조금씩
E.V.올리브오일 2큰술

**1** 프루트토마토는 꼭지를 떼고 뜨거운 물(p.25 참조)에 살짝 데친 뒤, 껍질을 벗겨서 1㎝ 크기로 깍둑썬다.

**2** 다진 바질, 1, 마늘, 꿀, 소금, 흰 후추를 볼에 넣고 골고루 섞는다. 마지막에 올리브오일을 넣어 섞는다. 냉장고에서 차갑게 식힌 뒤 먹는다.

01  빵에 어울리는 기본 **생채소**

## 레몬버터

버터에 여러 가지 재료를 섞은 것을 「뵈르 콩포제(Beurre composé)」라고 하는데, 프랑스에서는 고기나 생선 요리에 곁들이기도 하고, 소스와 카나페 등에도 사용한다. 생채소 샌드위치에 가장 잘 어울리는 뵈르 콩포제는 레몬버터인데, 레몬제스트와 과즙의 상큼한 향으로 샌드위치가 달라진다.

**재료(만들기 쉬운 분량)**
무염버터  80g
레몬제스트  1/2개 분량
레몬즙  1작은술
소금  조금
흰 후추  조금

모든 재료를 골고루 섞는다.

## 트러플버터

모든 샌드위치에 잘 어울리는 것은 아니지만, 이 버터와 빵만으로도 와인이 술술 넘어가는 스페셜한 버터. 트러플 오일절임을 듬뿍 넣어 풍부한 향으로 완성한다. 버터는 프랑스산 가염 발효버터를 사용하는 것이 포인트. 진한 짠맛과 깊은 맛이 트러플 향에 지지 않는다.

**재료(만들기 쉬운 분량)**
가염 발효버터(가능하면 프랑스산)
  50g
블랙트러플 오일절임(기름을 빼고
  다진) 10g

모든 재료를 골고루 섞는다.

## 검은 후추 크림치즈

검은 후추를 상당히 많이 사용하는데, 제대로 맛을 내기 위해서는 듬뿍 넣는 것이 중요하다. 크림치즈의 깊은 맛에 후추의 향과 매운맛이 더해지면, 샌드위치에서 존재감이 커진다. 소금으로 살짝 간을 하여 맛의 균형을 맞춘다.

**재료(만들기 쉬운 분량)**
크림치즈  100g
검은 후추(굵게 간)  5g
소금  조금

모든 재료를 골고루 섞는다.

## 리코타크림

리코타는 이탈리아의 프레시 치즈로, 치즈를 만들 때 나오는 유청(Whey)을 재가열해서 굳힌 것이다. 저지방으로 깔끔하면서 우유의 단맛도 느낄 수 있다. 꿀과 소금을 넣으면 맛이 더 진해지고, 검은 후추로 악센트를 주면 어른스러운 맛의 크림이 된다. 토마토나 파프리카에 잘 어울린다.

**재료(만들기 쉬운 분량)**
리코타  100g
꿀  16g
소금  1꼬집
검은 후추(굵게 간)  조금

모든 재료를 골고루 섞는다.

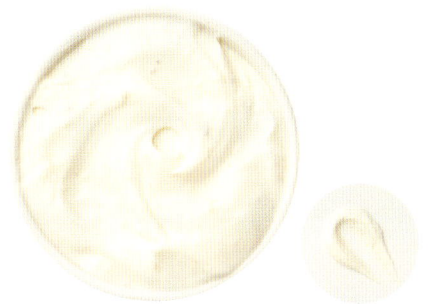

## 호스래디시 사워크림

사워크림이나 크림치즈는 모두 유제품이어서 겉보기에는 비슷하지만, 각각 맛에 특징이 있다. 빵에 살짝 바르기만 해도 느낌이 크게 달라지므로, 개성을 살려서 활용한다. 사워크림의 신맛에 소금, 후추로 간을 하면 균형이 잘 맞는다.

**재료(만들기 쉬운 분량)**
사워크림 50g
호스래디시(간 것 또는 시판 튜브) 5g
레몬즙 1작은술
소금, 흰 후추 조금씩

모든 재료를 골고루 섞는다.

## 세르벨 드 카뉘

세르벨 드 카뉘(cervelle de canut)는 프랑스어로 「견직물 장인의 뇌」라는 뜻으로, 빵에 발라 먹는 프랑스 리옹의 명물 치즈요리이다. 원래는 프로마주 블랑을 사용하지만, 수분을 제거한 요거트를 사용하면 손쉽게 만들 수 있다. 적양파 대신 샬롯을 사용하면 본고장의 맛에 더 가까워진다.

**재료(만들기 쉬운 분량)**
플레인 요거트(수분 제거해
  1/2 분량으로 줄인) 50g
적양파(다진) 10g
딜, 처빌, 이탈리안 파슬리 등
  (섞어서 다진) 10g
마늘(간) 2g / 소금, 흰 후추 조금씩

모든 재료를 골고루 섞는다.

## 시저샐러드 드레싱

마요네즈와 플레인 요거트를 베이스로 파르메산치즈와 안초비를 섞은 드레싱은 잎채소와 잘 어울린다. 샌드위치에 사용하기 좋게 일반 드레싱보다 걸쭉하게 만든다. 이 책에서는 마늘을 넣지 않았지만, 취향에 따라 마늘을 조금 넣어도 좋다.

**재료(만들기 쉬운 분량)**
마요네즈 50g
플레인 요거트(수분 제거해
  1/2 분량으로 줄인) 50g
파르메산치즈 파우더 20g
안초비 10g
레몬즙 1/2큰술 / 소금 1/8작은술
검은 후추(굵게 간) 1/2작은술
E.V. 올리브오일 1큰술

모든 재료를 골고루 섞는다.

## 러시안드레싱

루벤 샌드위치(p.97 참조)에 꼭 필요한 소스. 러시아가 아닌 미국에서 시작된 드레싱이다. 마요네즈와 케첩이 베이스인 익숙한 맛으로, 샐러드와 샌드위치 소스로 널리 활용할 수 있다.

**재료(만들기 쉬운 분량)**
마요네즈 30g
케첩 30g
플레인 요거트 20g
사워크림 10g
호스래디시(간) 3g

모든 재료를 골고루 섞는다.

01 빵에 어울리는 기본 **생채소**

# 생채소에 어울리는 향신료 · 드라이 허브 · 양념

향신료나 허브, 시판 양념은 맛을 내는 용도뿐 아니라 밑간이나 마무리의 악센트로도 사용할 수 있으며, 조합하여 용도에 맞게 사용하면 맛에 깊이가 생긴다. 후추도 흰 후추인지 검은 후추인지, 곱게 간 것인지 굵게 간 것인지, 또한 굵게 간 것도 굵기에 따라 향이 다르게 느껴진다. 머스터드도 종류별로 개성이 다르기 때문에 먼저 1가지씩 맛을 보고 조합해보자.

곱게 간 것

굵게 간 것

**흰 후추**
곱게 갈아 밑간할 때 사용하면 좋다. 색깔이 하얗기 때문에 음식의 색깔이나 겉모습에 영향을 주지 않고, 매운맛과 향을 더할 수 있다. 검은 후추와 구분해서 사용한다.

**검은 후추**
흰 후추는 열매를 완숙시켜 껍질을 벗긴 것이지만, 검은 후추는 완숙되기 전의 열매이다. 거친 느낌의 매운맛과 향이 있어, 굵게 갈아 악센트로 사용한다.

**핑크페퍼**
후추나무 열매인 흰 후추나 검은 후추와 달리, 남아메리카산 페퍼트리의 열매를 말린 것으로 후추가 아니다. 은은한 단맛과 청량감 있는 향이 인상적이다. 향과 색의 악센트로 사용한다.

**카엔페퍼**
생칠리를 잘 말려서 가루로 만든 것으로 매운맛이 강하다. 칠리페퍼라고도 한다. 맛의 악센트로 사용하기 좋지만 분량을 잘 조절해야 한다.

**에스플레트 고춧가루**
프랑스 바스크 지방의 특산품 고추를 말려서 가루로 만든 것. 단맛과 매운맛의 균형이 잘 맞고 풍부한 풍미가 있다. 샌드위치나 요리의 마무리에 사용하기 좋다.

**파프리카 파우더**
선명한 붉은색으로 살짝 달콤한 향이 느껴진다. 고추와 같은 종류이지만 매운맛은 없고, 풍미나 색을 낼 때 사용하기 좋다.

**머스터드 씨**
서양겨자의 씨로 부드러운 매운맛과 풍부한 향이 있다. 마리네이드, 피클 등 절임요리에 잘 어울린다.

**주니퍼베리**
칵테일의 베이스로 사용되는 「진」의 향을 내는 향신료이다. 양배추와 궁합이 좋고 사워크라우트를 만들 때 꼭 필요한 재료.

**캐러웨이 씨**
딜을 닮은 향과 은은한 단맛이 있어서 호밀빵에 잘 어울린다. 주니퍼베리와 함께 사워크라우트를 만들 때 꼭 필요한 향신료이다.

**이탈리안 파슬리**
말려도 상쾌한 향과 쌉쌀한 맛이 느껴져서 요리의 악센트로 사용하기 좋다. 소스 등에 적은 양을 사용할 때는 말린 것을 사용해도 좋다.

**오레가노**
토마토 요리와 궁합이 잘 맞는 꿀풀과의 허브로, 피자를 만들 때 꼭 필요한 향신료이다. 말린 것도 특유의 청량감이 있어서, 고기나 생선 요리의 냄새 제거용으로 좋다. 샐러드에도 잘 어울린다.

**레몬그라스**
레몬향이 느껴지는 산뜻한 허브로, 동남아 요리에 많이 사용한다. 섬유질이 질기기 때문에 잘게 썰어서 요리에 풍미를 더할 때 사용한다.

**디종 머스터드**
프랑스 디종의 전통적인 머스터드. 산뜻한 신맛과 매운맛의 균형이 잘 맞으며, 매끈한 감촉과 부드러운 맛이 특징이다.

**홀그레인 머스터드**
머스터드 씨를 그대로 넣어 톡톡 터지는 식감을 즐길 수 있다. 디종 머스터드에 비해 매운맛이 부드럽다.

**옐로 머스터드**
선명한 노란색이 인상적이고, 매워 보이지만 매운맛은 없다. 산뜻한 신맛과 은은한 단맛이 있으며 매끈한 감촉이 특징이다. 핫도그에 많이 사용한다.

**연겨자(튜브)**
겨자 씨를 갈아서 만든 소스. 머스터드는 매운맛이 강하지 않아서 요리에 듬뿍 사용하는 경우가 많지만, 연겨자는 매운맛이 강해서 적은 양으로 악센트 역할을 한다.

**간 고추냉이(튜브)**
일본 음식에 많이 사용하는 양념이지만, 호스래디시(서양 고추냉이)를 갈아서 만드는 경우가 많다. 매운맛이 강해 적은 양으로도 악센트가 된다.

**간 매실절임**
매실절임(우메보시)을 베이스로 한 페이스트 형태의 일본식 양념. 산뜻한 신맛과 매실향이 있어서 일본식 샌드위치를 만들 때 사용하기 좋다.

**간 마늘**
요리의 풍미를 낼 때 반드시 필요한 마늘은, 밑간을 하거나 소스를 만들 때 널리 활용된다. 적은 양의 소스를 만들 때는 시판용 간 마늘을 사용하면 편리하다.

**호스래디시(튜브)**
로스트비프에 곁들이는 호스래디시(서양 고추냉이)를 갈아서 만든 것으로 간편하게 사용할 수 있다. 고추냉이보다 부드러운 맛이다.

**유자후추**
고추, 유자, 소금으로 만든 양념. 일본 오이타를 중심으로 규슈 각지에서 많이 사용한다. 유자의 청량함과 매운맛이 균형을 이루어 채소에도 잘 어울린다.

## 01 빵에 어울리는 기본 **생채소**

**셀러리 솔트**
셀러리 씨의 가루를 넣은 소금. 어떤 채소에도 잘 어울리는 심플한 맛으로, 맛이 부족할 때 사용하면 좋다. 특히 토마토와 궁합이 좋으며, 시카고식 핫도그에 많이 사용하는 재료이다.

**트러플 솔트**
말린 트러플을 넣은 소금. 값비싼 트러플의 향을 간편하게 즐길 수 있다. 달걀이나 고기 요리에 잘 어울리며, 샐러드를 마무리할 때 살짝 뿌리면 고급스러운 맛이 난다.

**듀카**
이집트의 블렌딩 향신료. 참깨, 커민, 코리앤더 등과 같은 씨종류의 향신료에 견과류와 소금을 섞은 것이다. 식감과 향의 악센트가 된다.

**모로미 미소**
모로미는 쌀, 콩, 보리 등의 원료에 누룩과 소금 등을 넣고 발효시킨 액체 속에 있는 고형물을 말하는 것으로, 모로미 미소는 미소된장국을 만드는 양념으로 사용하는 것이 아니라, 건더기와 함께 그대로 먹는다.

**간장**
대표적인 동양의 양념으로 조금만 넣어도 맛이 달라진다. 마요네즈 등에 섞어서 걸쭉하게 만들면 샌드위치에도 사용하기 좋다.

**돈가스소스**
과일과 채소의 단맛이 느껴지는 진한 맛의 소스. 일반 우스터소스나 농도가 진한 중농소스보다 조금 더 걸쭉하며, 돈가스뿐 아니라 크로켓이나 튀김에도 잘 어울린다.

**케첩**
미국식 샌드위치에 많이 사용한다. 토마토의 신맛과 단맛은 마요네즈와 궁합이 잘 맞기 때문에, 섞어서 소스로 사용해도 좋다.

**남플라**
타이의 어간장으로 타이 요리에 꼭 필요한 양념이다. 독특한 향과 강한 감칠맛, 짠맛이 있다. 베트남에서는 누오크 맘이라 부르며 반미 샌드위치에도 사용된다.

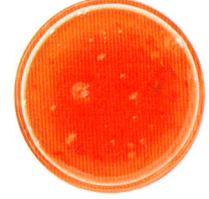

**스위트 칠리소스**
베트남이나 타이에서 많이 사용하는, 새콤달콤한 맛과 매콤한 맛이 잘 어우러진 소스. 어떤 식재료와도 잘 어울리지만, 맛이 강해서 마요네즈 등과 블렌딩해도 좋다.

화이트와인 비네거

레드와인 비네거

E.V. 올리브오일

생참기름

**식초와 오일**
생채소에 사용하는 드레싱은 식초, 오일, 소금이 기본이다. 심플한 만큼 식초와 오일의 종류에 따라 맛이 크게 달라진다. 프랑스의 와인 비네거는 신맛과 과일향이 강한 것이 특징이다. 흰색은 담백하고, 붉은색은 깊은 맛이 난다. 쌀식초는 익숙한 신맛이고, 사과식초의 신맛은 부드럽다.
오일을 드레싱의 베이스로 사용할 경우, 향이 없는 오일을 사용하는 것이 좋다. 생참기름은 향이 약하고 맛도 순해서 어디에나 사용하기 좋다. E.V. 올리브오일은 신선한 향과 특유의 매운맛을 살려서 악센트로 사용하면 좋다.

# 생채소에 어울리는 고기와 해산물 가공품

샌드위치를 만들 때는 햄이나 훈제연어 등의 고기와 해산물 가공품도 많이 사용한다. 재료 자체를 즐기는 생채소와 달리 가공된 재료는 품질에 따라 맛의 차이가 크고, 그 점이 가격에도 반영되어 있다. 또한 햄은 품질이 좋은 것과 저렴한 것을 비교하는 동시에, 원재료가 어떤 것인지도 체크해야 한다. 만들고 싶은 샌드위치의 방향성에 맞는 재료를 선택하는 것이 중요하다.

수제햄(돼지 뒷다리살)   로스햄   프로슈토   차슈

### 햄류

햄(Ham)은 영어로 「돼지 넓적다리살」을 의미하며 원래는 돼지 넓적다리살을 가공한 제품을 가리킨다. 프랑스의 장봉뵈르처럼 햄이 메인인 샌드위치에는 품질 좋은 넓적다리살 햄을 사용하는 것이 좋다. 식빵으로 만드는 샌드위치에는 자그마한 로스햄도 사용하기 좋다. 둥근 햄을 네모난 빵에 끼울 때는 햄이 빠지는 부분이 없도록 주의해서 배치한다. 프로슈토는 이탈리아의 생햄으로, 적은 양으로도 채소의 맛을 잘 살려준다. 차슈는 삼겹살 또는 돼지 뒷다릿살 덩어리에 청주, 간장, 설탕, 마늘, 생강, 대파 등을 넣고 조린 뒤, 표면을 구운 것으로 햄 대신 사용해도 좋다.

베이컨   소시지   로스트비프   파스트라미 비프

### 그 밖의 육가공품

베이컨은 돼지고기 가공품 중에서도 특히 품질이 중요하다. 질 좋은 베이컨은 삼겹살의 감칠맛이 제대로 느껴지고, B.L.T.를 만들면 진가를 발휘한다. 소시지는 크기도 모양도 가공방법도 여러 종류가 있다. 이 책에서는 스모크 타입의, 고기를 굵게 갈아서 만든 소시지를 핫도그에 사용했다. 소고기 가공품도 샌드위치에 잘 어울리는데, 로스트비프는 소고기 자체의 맛을 잘 살린 심플한 맛이다. 검은 후추로 맛을 낸 파스트라미 비프는 미국식 샌드위치에 많이 사용한다.

  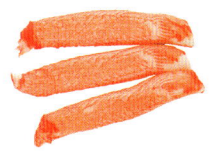 

훈제연어   참치 오일절임   게맛살   안초비

### 해산물 가공품

샌드위치에 해산물을 조합하는 경우, 햄 등의 육가공품과 마찬가지로 가공된 것을 사용하면 편리하다. 해산물 특유의 비린내가 신경 쓰일 수 있으므로 허브, 향신료, 향미채소를 균형 있게 조합한다. 훈제연어에는 딜이 잘 어울리고, 참치에는 후추나 레몬즙이 좋다. 게맛살은 일본에서 시작되었지만 미국과 유럽에서도 인기가 많고 샌드위치에 잘 어울린다. 멸치류를 소금에 절인 안초비는 짠맛과 특유의 감칠맛이 있어 악센트로 사용하기 좋다.

01 빵에 어울리는 기본 **생채소**

# 생채소에 어울리는 기본 필링

## 스파이시 그릴드 치킨

퍽퍽해지기 쉬운 닭가슴살을 촉촉하고 부드럽게 굽는다. 향신료를 듬뿍 넣어 그대로도 충분히 맛있다. 샌드위치의 메인 재료나 샐러드 재료로 맹활약 중이다. 닭고기의 감칠맛과 향신료가 남아 있는 육즙도 남김없이 활용해보자.

**재료(만들기 쉬운 분량)**
닭가슴살 1.2kg
마늘(간) 6g
꿀 15g
카옌페퍼 1.2g
소금 10g
검은 후추(굵게 간) 1.2g
흰 후추 1.2g
E.V. 올리브오일 2큰술

**1** 닭가슴살의 양면을 고기망치(또는 밀대)로 두드린다. 두드리면 근섬유가 풀어지면서 부드러워져 맛이 잘 배어든다. 두툼한 부분을 더 세게 두드려서 두께를 고르게 만들면 골고루 잘 익는다.

**2** 닭가슴살을 볼에 담고 소금과 꿀을 넣어 잘 버무린다.

**3** 마늘, 카옌페퍼, 검은 후추, 흰 후추를 넣고 전체적으로 잘 베어들게 한다. 비닐랩을 씌우고 30분 정도 상온에 둔다. 시간이 없을 때는 바로 구워도 좋다.

**4** 올리브오일을 전체에 골고루 바른 뒤 껍질쪽이 위를 향하게 트레이에 가지런히 담는다. 180℃로 예열한 오븐에서 20분 동안 굽는다.

**5** 가열이 끝나면 5분 동안 오븐 안에 그대로 두었다가 꺼낸다. 알루미늄포일을 덮고 다시 10분 동안 그대로 둔다.

**6** 뜨거울 때 썰면 육즙이 흘러나오므로 한김 식힌 뒤에 썬다. 샌드위치에 사용할 경우 원하는 두께로 슬라이스한다.

---

• **육즙을 활용한다**

샐러드에 넣을 때는 닭가슴살을 1㎝ 크기로 깍둑써는 것이 좋다. 또한 트레이에 남아 있는 육즙을 넣고 골고루 버무리면 맛이 진해진다. 슬라이스한 경우 트레이에 가지런히 놓고 육즙을 뿌려서 배어들게 한다.

# 샐러드용 닭가슴살

샐러드용으로 익힌 닭가슴살이 시판되면서 인기가 높아지고 스테디셀러가 되었다. 시판제품을 사용하면 간편하지만, 직접 만들면 재료 고유의 맛을 살릴 수 있다. 수비드머신을 이용하면 손쉽게 만들 수 있다. 시간이 있을 때 한꺼번에 만들어서 냉동보관해도 좋다.

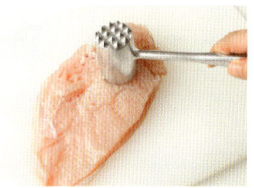
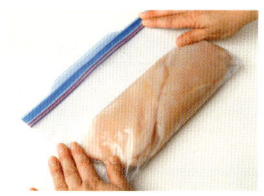
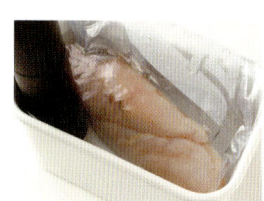

**재료(만들기 쉬운 분량)**
닭가슴살(껍질 제거) 2장
꿀 닭가슴살 무게의 1%
소금 닭가슴살 무게의 1%
흰 후추 조금

**1** 닭가슴살의 양면을 고기망치(또는 밀대)로 두드린다. 두드리면 근섬유가 풀어지면서 부드러워져 맛이 잘 배어든다. 두툼한 부분은 더 세게 두드려서 두께를 고르게 만들면 골고루 잘 익는다.

**2** 지퍼백에 **1**을 넣고 꿀, 소금, 흰 후추를 넣어 전체를 골고루 잘 버무린다. 닭가슴살이 지퍼백 안에서 겹치지 않도록 정리한 뒤, 공기를 빼고 밀봉한다. 반나절 정도 냉장고에 넣어두고 맛이 잘 배게 한다.

**3** 수비드머신을 이용해 63℃ 물에서 1시간 중탕으로 익힌다. 수비드머신이 없으면 온도를 조절하면서 약불로 중탕해도 좋다.

**4** 조리가 끝나면 얼음물이 들어있는 볼에 담가 빠르게 식힌다. 빨리 식혀야 바로 가열이 중지되고 상하기 쉬운 온도대를 벗어날 수 있다.

**5** 바로 사용하지 않을 경우 밀봉한 채로 냉장 또는 냉동 보관한다. 냉장은 3일 안에, 냉동은 1달 안에 사용하는 것이 좋다.

**6** 샌드위치에 사용할 경우에는 원하는 두께로 슬라이스한다. 결대로 찢어도 좋다.

# 치킨샐러드

샐러드용 닭가슴살을 찢어서 마요네즈와 디종 머스터드를 넣고 버무리기만 하면 된다. 심플한 치킨샐러드는 생채소와 궁합이 잘 맞아서 사용하기 좋다.

**재료(만들기 쉬운 분량)**
샐러드용 닭가슴살(위 참조, 또는
　시판제품) 300g
마요네즈 40g
디종 머스터드 5g

**1** 샐러드용 닭가슴살을 결대로 찢는다.

**2** 마요네즈와 디종 머스터드를 넣고 골고루 버무린다. 위 레시피인 샐러드용 닭가슴살을 사용할 때는 소금, 후추가 필요 없지만, 간을 하지 않고 삶은 닭가슴살이나 시판제품을 사용할 때는 맛을 보고 부족할 때 소금, 후추를 뿌려서 간을 조절한다.

01 　빵에 어울리는 기본 **생채소**

# 가다랑어 콩피

참치 샌드위치의 참치*는 통조림 등 시판제품을 사용하는 것이 일반적이지만, 직접 만들면 더 특별한 맛이 된다. 신선한 가다랑어를 구할 수 있을 때 도전해보자. 살을 큼직하게 나눠서 샌드위치나 샐러드에 사용하면 고급스러운 맛을 경험할 수 있다. 비용이 올라가도 괜찮다면 참치로 만들면 더 맛이 좋다.

\* 참치는 농어목 고등어과에 속하는 생선으로 참다랑어뿐 아니라 가다랑어도 참치에 포함된다. 참치 통조림의 경우 참치뿐 아니라 가다랑어로 만드는 경우도 많다.

**재료(만들기 쉬운 분량)**
가다랑어(횟감용 토막) 400g
타임 1줄 / 월계수잎 1장
마늘(껍질, 심 제거) 1/2쪽
소금 4g(가다랑어 무게의 1%)
흰 후추(통) 1/4작은술
E.V. 올리브오일 2큰술

**1** 가다랑어를 트레이에 담고 양면에 소금(분량 외)을 살짝 뿌린다. 비닐랩을 씌워 10분 동안 그대로 둔 뒤, 키친타월로 눌러서 여분의 수분을 닦아낸다.

**2** 지퍼백에 **1**을 넣고 전체에 소금을 뿌린 뒤 올리브오일, 타임, 월계수잎, 얇게 썬 마늘, 흰 후추를 넣는다. 가다랑어가 팩 속에서 겹치지 않게 정리한 뒤, 공기를 완전히 빼고 밀봉한다. 반나절 동안 냉장고에 두고 맛이 잘 배게 한다.

**3** 수비드머신을 이용해 50℃ 물에서 30분 중탕으로 익힌다. 수비드머신이 없으면 온도를 조절하면서 약불로 중탕해도 좋다.

**4** 조리가 끝나면 얼음물이 들어 있는 볼에 담가 빠르게 식힌다. 빨리 식혀야 바로 가열이 중지되고 상하기 쉬운 온도대를 벗어날 수 있다.

**5** 바로 사용하지 않을 경우 밀봉한 채로 냉장보관한다. 저장기간은 5일 이내가 기준이다.

# 참치샐러드

샌드위치의 기본 필링으로 다양하게 활용할 수 있는 참치샐러드에, 매운맛이 적은 적양파를 넣어 식감과 향을 보충한다. 취향에 따라 레몬즙을 살짝 뿌리면 산뜻하게 완성된다.

**재료(만들기 쉬운 분량)**
참치 오일절임(시판제품, 오일 제거) 200g
적양파(다진) 50g
마요네즈 50g
소금, 흰 후추 조금씩

**1** 참치 오일절임은 체에 올려 여분의 오일을 빼고 무게를 잰다. 여기서는 시판제품을 사용하는데, 수제 가다랑어 콩피(위 참조)를 사용할 때는 살을 큼직하게 풀어둔다.

**2** 볼에 **1**, 적양파, 마요네즈를 넣고 버무린다. 소금, 흰 후추를 넣고 간을 한다.

## 연어 페이스트

훈제연어는 샌드위치에 사용하기 좋은 재료이지만, 특유의 향을 싫어하는 사람도 있다. 크림치즈와 산뜻한 향과 신맛이 있는 식재료를 조합해 페이스트로 만들면, 고급스러운 샌드위치용 스프레드가 된다.

**재료(만들기 쉬운 분량)**
훈제연어 100g
크림치즈 50g / 케이퍼 10g
레몬제스트 1/3개 분량
딜 조금
소금, 흰 후추 조금씩
E.V. 올리브오일 1큰술

1 훈제연어는 굵게 썬다.

2 푸드프로세서에 1, 크림치즈, 케이퍼, 레몬제스트, 딜, 올리브오일을 넣고 부드러워질 때까지 간다. 소금, 흰 후추를 넣어 간을 한다.

## 햄 페이스트

샌드위치에 그대로 넣는 경우가 많은 햄을 페이스트로 만들면 새롭게 즐길 수 있다. 부드럽고 고급스러운 맛을 살려서 생채소와 심플하게 조합하자. 디종 머스터드의 깔끔한 매운맛을 더하면 샌드위치도 깔끔하게 완성할 수 있다.

**재료(만들기 쉬운 분량)**
수제햄(돼지 뒷다리살) 100g
생크림 80g
디종 머스터드 5g
무염버터 15g
소금, 흰 후추 조금씩

1 햄을 굵게 썬다.

2 푸드프로세서에 1, 생크림, 디종 머스터드, 무염버터를 넣고 부드러워질 때까지 간다. 소금, 흰 후추를 넣어 간을 한다.

## 달걀샐러드

샌드위치를 만들 때 빼놓을 수 없는 필링. 어떤 재료와도 궁합이 잘 맞고 색감도 매력적이다. 마요네즈와 소금, 흰 후추만으로 심플하게 마무리하는 것이 기본이지만, 마요네즈의 양을 달리하거나 허브를 넣어 응용해도 좋다.

**재료(만들기 쉬운 분량)**
삶은 달걀 3개
마요네즈 30g
소금 조금
흰 후추 조금

1 삶은 달걀을 곱게 다진다. 체에 올려서 누르면 쉽게 골고루 으깰 수 있다.

2 볼에 1, 소금, 흰 후추를 넣고 짭쪼름할 정도로 밑간을 한 뒤, 마요네즈를 넣고 버무린다.

# 생채소에 어울리는 빵

결이 촘촘하고 촉촉하며 입안에서 잘 녹는 사각식빵은 어떤 식재료와도 잘 어울려서 샌드위치에 안성맞춤이다. 이 책에서는 사각식빵 샌드위치를 기본으로 채소의 개성을 잘 살릴 수 있는 빵과의 균형을 찾으면서, 세계의 여러 빵과도 조합하였다.

### 하드계열 빵

**팽 드 캉파뉴(긴 타원형)**
프랑스의 소박한 시골빵. 큼지막하게 둥글거나 길쭉한, 모양도 맛도 만든 이에 따라 다르다. 생채소에는 신맛이 약하고 가벼운 캉파뉴가 잘 어울린다.

**미니 바게트**
샌드위치 만들기에 좋은 미니 바게트. 얇고 긴 바게트 피셀(Ficelle)처럼 정식 명칭은 없지만, 베이커리에서 샌드위치용으로 많이 만든다.

**바게트**
프랑스를 대표하는 식사빵으로 길쭉하게 구워 크러스트(껍질)의 고소한 맛을 즐길 수 있다. 샌드위치를 만들 때는 식감의 균형이나 생채소의 수분에 주의한다.

**통밀빵(타원형)**
통밀가루로 만든 빵은 고소하고 깊은 맛이 있어 샌드위치에 잘 어울린다. 식이섬유가 풍부하고 흰 빵에 비해 혈당지수(GI)가 낮은 것도 매력적이다.

**말린 과일을 넣은 호밀빵**
건포도, 크랜베리 등의 말린 과일을 넣은 호밀빵. 과일의 단맛이 악센트가 되어 치즈와 궁합이 잘 맞는다.

## 식빵

**사각식빵**
가장 기본이 되는 플레인 식빵. 틀에 뚜껑을 덮고 굽기 때문에 속은 촉촉하고 부드러워서, 샌드위치는 물론 토스트에도 어울린다. 얇거나 두껍게 썰어서 자유롭게 즐긴다.

**통밀식빵**
통밀가루를 사용해 식이섬유가 풍부한 건강빵으로 인기가 많다. 소박한 맛과 향이 특징이며, 토스트하면 한층 더 고소해진다.

**호밀식빵**
호밀가루를 블렌딩해 풍미가 풍부한 식빵은 샌드위치에 잘 어울린다. 얇게 슬라이스해서 사용하는 것이 좋다. 유제품이나 해산물과도 궁합이 좋으며 개성 있는 맛을 즐길 수 있다.

**산형식빵**
틀에 뚜껑을 덮지 않고 구우면 반죽이 수직으로 늘어나, 윗부분이 산모양이 되기 때문에 붙여진 이름이다. 잉글리시 브레드라고도 한다. 사각식빵에 비해 결이 거칠며, 토스트하면 바삭한 식감을 즐길 수 있다.

## 세계의 빵과 작은 빵

**크루아상**
프랑스에서 아침식사 단골 메뉴로, 보통은 그대로 먹는다. 채소와 궁합이 잘 맞아 샌드위치를 만들어도 좋다.

**포카치아**
이탈리아의 심플하고 납작한 빵. 올리브오일의 향과 바삭한 식감이 특징으로, 생채소와 잘 어울린다. 부드러워서 채소를 듬뿍 넣을 수 있다.

**카이저젬멜**
오스트리아에서 시작된 자그마한 빵으로, 독일에서도 많이 먹는다. 플레인 외에 참깨나 양귀비 열매를 토핑으로 올린 것도 있다. 바삭해서 샌드위치에 잘 어울린다.

**베이글**
뉴욕에서 전 세계로 퍼져나간, 유대인들이 만든 빵이다. 데친 뒤에 굽기 때문에 쫄깃한 식감이 특징이다. 크림치즈를 조합해서 샌드위치를 만드는 것이 기본이다.

**반미**
베트남의 바게트. 껍질이 얇고 식감이 바삭해서 채소를 듬뿍 넣어도 먹기 좋다. 바게트보다 부드러운 소프트 바게트로 대체할 수 있다.

**소금빵**
반죽 가운데에 버터를 넣고 소금을 묻혀서 구운, 짭짜름한 빵이다. 최근 일본은 물론 한국에서도 인기가 높다. 소금과 버터의 심플한 맛이 샌드위치와 잘 어울린다.

**핫도그빵**
가늘고 긴 핫도그용 빵. 부드럽고 먹기 편해서 핫도그는 물론 채소 샌드위치에도 널리 활용한다.

**버터롤**
달걀과 버터를 넣어 맛이 진하다. 은은한 단맛과 부드러운 식감으로 먹기 편하고, 크기도 작아서 샌드위치에 좋다.

# 채소 손질 도구

채소를 밑손질하고 조리할 때 사용하기 좋은 도구를 소개한다. 예를 들어, 샐러드 스피너는 쉽게 물기를 제거할 수 있어 작업시간이 단축된다. 또한 칼로 자를 수 있는 것도 슬라이서가 있으면 누구나 균일한 두께로 자를 수 있다. 여기서는 이 책에서 사용하는 도구 중 일부를 소개한다.

**샐러드 스피너**
채소 탈수기. 안쪽 체에 깨끗이 씻은 잎채소를 넣고 손잡이를 눌러 체를 회전시키면, 물기가 제거된다. 손으로 돌리는 종류도 있다. 뚜껑도 분리해서 세척할 수 있으므로 위생적이다. 잎채소 샐러드나 샌드위치를 만들 때 반드시 필요하다.

**슬라이서(BENRINER No.64)**
약 0.5~5mm까지 두께를 조절할 수 있는 채소용 슬라이서. 비슷한 도구가 많지만 두께를 조절할 수 있는 것은 많지 않다. 날을 교환하면 채썰기도 가능하다. 잘 썰리기 때문에 활용도가 높지만, 다치지 않도록 주의해야 한다.

**갈릭 프레스**
마늘 다지기라고도 한다. 마늘을 속에 넣고 손잡이를 누르면 페이스트 상태의 마늘이 밖으로 빠져나온다. 마늘은 껍질을 벗기고 심을 제거하여 사용한다. 강판을 사용하면 손에 냄새가 배고 강판에 남은 찌꺼기를 제거해야 하지만, 이 도구는 한 손으로 작업할 수 있으며 세척도 간단하다.

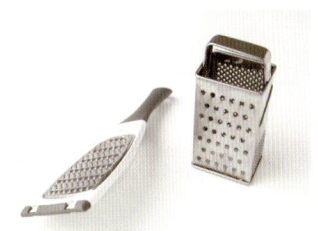

**채썰기용 강판, 치즈강판**
강판은 당근라페를 만들 때 반드시 필요한 도구이다. 당근을 칼로 썰면 간이 잘 배지 않고 식감도 단단하지만, 강판을 사용하면 단면이 매끄럽지 않아 간이 잘 배고 부드러워져서 먹기 좋다. 샐러드를 만들 때 사용하기 좋은 강판도 있지만, 4면 치즈강판의 가장 거친 면을 사용해도 좋다.

**전동 채소 슬라이서**
채소 전용 전동 슬라이서는 일반 가정에 반드시 필요한 도구는 아니지만, 많은 양을 썰 때 유용하다. 당근이 많이 필요할 경우 강판을 사용하면 시간도 오래 걸리고 힘도 들지만, 전동 슬라이서를 사용하면 간편하다. 사진 속 도구는 채소를 가늘고 길게 자르는 채소면을 만들 때도 사용할 수 있다.

**채소면 커터**
채소를 나선형으로 가늘고 길게 국수처럼 썰 수 있는 전용 슬라이서. 칼날에 채소를 대고 시계방향으로 비틀어서 돌리면 나선형으로 썰린 채소면이 만들어진다. 이 채소면을 파스타 대신 사용해서 만든 요리는 비건용이나 당질제한용 메뉴로 인기가 많다. 주키니를 가장 많이 사용한다.

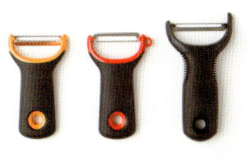

## 필러
채소 껍질을 벗길 때 유용한 Y자형 필러는 잡기 편하고 잘 잘리는 것을 선택한다. 크기나 칼날 모양이 다른 다양한 필러가 있으며, 껍질을 벗기는 용도 외에 채소 슬라이서로도 사용할 수 있다. 사진 왼쪽은 채 썰기 전용이고, 가운데는 칼날이 가는 톱니 모양의 토마토 필러로 부드러운 토마토나 복숭아, 키위 껍질을 벗길 때 사용한다. 오른쪽은 칼날이 납작한 일반 필러.

## 강판
무 외에도 생강, 와사비, 치즈 등을 갈 수 있다. 사진에서 왼쪽 위는 대나무 재질의 강판으로 일본에서 무를 굵게 갈 때 사용하는 도구이다. 가운데는 구리 강판으로 재료의 섬유질만 잘라서 조직이 망가지지 않기 때문에, 무나 생강을 갈 때 물이 생기지 않고 부드럽게 갈린다. 오른쪽 아래는 세라믹 재질. 많은 양을 갈 때는 시간이 걸리지만 세척하기 쉬워서 위생적이다.

## 세라믹 강판
(샐러드와 주스용 굵은 강판)
채소와 과일을 굵게 갈 수 있는 신개념 세라믹 강판이다. 생채소로 드레싱이나 소스를 만들 때 블렌더를 사용하면 지나치게 부드러워지기 때문에, 채소의 식감을 살리고 싶을 때 사용한다. 이 책에서는 「판 콘 토마테(p.151 참조)」 등을 만들 때 사용한다.

## 핸드블렌더
스틱 모양의 본체 끝에 칼날이 장착된 콤팩트한 조리가전이다. 식재료를 부수거나 섞거나 으깨는 작업을 한 손으로 쉽게 할 수 있다. 푸드프로세서나 큰 블렌더에 비해 적은 양도 조리할 수 있는 점이 장점. 무선 제품은 주방에서 사용하기 좋다. 이 책에서는 드레싱이나 소스를 만들 때 활용한다.

## 드레싱병
드레싱을 저장하기 좋은 전용 유리병. 눈금이 그려진 제품은 병에 식초나 오일을 직접 넣고 병째로 흔들어서 드레싱을 만들 수 있다. 드레싱을 사용할 때 옆으로 흐르지 않도록 제작된 제품도 있다. 사진 왼쪽의 제품은 병이 위아래로 분리되기 때문에 속까지 깨끗이 씻을 수 있다. 오른쪽은 내열유리로 식기세척기를 사용할 수 있다.

## 절임용 유리용기
냄새와 색이 잘 배지 않는 내열유리로 만든 절임용 용기. 전자레인지를 사용할 수 있기 때문에 피클액과 채소를 넣고 전자레인지로 가열할 수 있다. 누름돌이 붙어 있어 적은 양의 절임이나 피클을 만들 때 편리하다. 부피가 크지 않아 냉장고 도어 선반에 보관할 수 있다.

## 수비드머신
수비드는 재료를 지퍼백에 담아 밀봉한 뒤 중탕가열하는 방법으로, 프렌치 요리의 「진공조리」와 같은 조리방법이다. 가정에서도 손쉽게 사용할 수 있는 수비드머신이 보급되어 수비드 요리의 인기가 높아지고 있다. 뜨거운 물을 넣은 냄비에 수비드머신을 넣으면 설정온도를 유지할 수 있다. 샐러드용 닭가슴살(p.49 참조)과 가다랑어 콩피(p.50 참조)를 만들 때 사용한다.

## 요거트 메이커
이름 그대로 요거트를 만드는 전용 가전으로, 일정한 온도에서 장시간 보온할 수 있어 발효식품을 만들거나 수비드에도 활용할 수 있다. 제품마다 설정 온도나 시간이 다르므로 목적에 맞게 선택한다. 사진 속 제품은 온도 25~70℃, 시간 30분~99시간까지 설정할 수 있다. 발효 피클을 만들 때 유용하다.

## 식품건조기
토스터를 닮은 작은 식품건조기. 채소나 과일을 손쉽게 말릴 수 있다. 사진 속 제품은 온도 35~37℃, 시간 2~30시간까지 설정할 수 있다. 수분이 빠져나가면 채소의 감칠맛이 응축되어 오래 보관할 수 있다. 이 책에서는 세미드라이 토마토(p.25 참조)를 만들 때 사용한다.

## 02
**빵에 생채소를**
넣는다

# 오이 ✕ 식빵

단면이 사선

## 어슷썬 오이 샌드위치

클래식한 영국 티 샌드위치의 기본은 오이만 넣어서 만든 샌드위치이다. 얇은 식빵에 버터를 듬뿍 바르고 흰 후추를 뿌린 오이를 넣기만 하면 OK. 심플하기 때문에 빵의 맛, 버터의 깊은 맛, 오이의 싱싱함과 아삭한 식감을 그대로 느낄 수 있다. 샌드위치에서 균형이란 무엇인지를 알려주는, 본보기라 할 수 있는 기본 조합이다.

> 단면이 사선

# 세로 슬라이스 오이 마리네이드 샌드위치

세로로 얇게 슬라이스한 오이에 샴페인 비네거, 소금, 흰 후추를 넣어 마리네이드한 뒤 빵 사이에 넣는다. p.58의 샌드위치와 완성 모양은 거의 비슷하지만, 오이를 자르는 방법도 맛을 내는 방법도 다르다. 오이를 얇게 썰어서 식감은 더욱 고급스러워지고, 비네거로 마리네이드해서 깊은 맛이 난다. 먼저 이 2가지 샌드위치를 비교해 보고, 자신의 취향에 맞는 맛의 균형점을 찾아보자.

## 오이 ✕ 식빵

## 단면이 사선 _ 어슷썬 오이 샌드위치

여기서는 가염버터로 짠맛을 냈다. 무염버터를 사용할 때는 오이에 소금을 뿌려 간을 한다.

### 재료(1개 분량)
사각식빵(두께 12mm) 2장
가염버터 12g
오이 75g(두께 3mm 어슷썰기 13장)
흰 후추 조금

### 만드는 방법
1  오이는 슬라이서를 사용해 3mm 두께로 어슷하게 썬다(p.22 참조).
2  사각식빵 1장의 한쪽 면에 가염버터 1/2 분량을 바르고, 위쪽에 **1**의 오이 6장을 사진처럼 조금씩 어긋나게 겹쳐서 올리고, 마지막에는 반으로 자른 오이를 1장 놓는다. 아래쪽에도 남은 오이를 같은 방법으로 올리고 흰 후추를 뿌린다.
3  남은 사각식빵의 한쪽 면에 나머지 가염버터를 바르고 **2** 위에 덮는다. 손바닥으로 전체를 살짝 눌러 속재료와 빵이 잘 어우러지게 한다.
4  식빵 가장자리를 잘라내고 3등분한다.

### 조립 포인트
오이를 살짝 도톰하게 썰면 아삭한 식감을 즐길 수 있다. 빵 가장자리를 잘라낼 때 오이까지 자르지 않도록, 가장자리보다 안쪽에 오이를 올리는 것이 중요하다.

샌드위치에 사용하는 버터는 상온에 꺼내두고 부드러워지면 사용한다. 버터가 단단하면 빵에 바를 때 빵 표면이 거칠게 상한다.

### 오이를 둥글게 썰면?

오이를 어슷하게 썰면 빵 전체를 채울 수 있어 오이의 존재감을 즐길 수 있다. 둥글게 썰 경우에는 어슷하게 썰었을 때처럼, 빵 가장자리보다 안쪽에 오이를 조금씩 어긋나게 겹쳐서 올린다. 완성 모양은 거의 비슷하지만 오이 사용량은 거의 절반으로 줄어든다. 오이의 양이 줄어든 만큼 다른 한쪽의 빵에 크림치즈를 발라 깊은 맛을 더하면 맛의 균형이 잘 맞는다.

## 오이 ✕ 식빵

# 단면이 사선 _ 세로 슬라이스 오이 마리네이드 샌드위치

오이를 마리네이드해서 맛을 냈기 때문에, 여기서는 무염버터를 사용한다. 햄이나 치즈 등 짠맛이 나는 식재료를 넣을 경우에는 무염버터를 사용하는 것이 좋지만, 채소만 넣을 경우에는 가염버터로 짠맛을 더해도 좋다.

### 재료(1개 분량)
사각식빵(두께 12mm) 2장
무염버터 12g
오이 80g(두께 2mm 세로 슬라이스 12장)
샴페인 비네거(또는 화이트와인 비네거) 조금
소금 조금
흰 후추 조금

### 만드는 방법

1. 오이는 꼭지를 잘라내고 길이를 2등분한 뒤, 슬라이서를 사용해 2mm 두께로 길게 썬다(p.22 참조). 트레이에 가지런히 올리고 샴페인 비네거, 소금, 흰 후추를 전체에 뿌려 마리네이드 한다(p.23 참조).
2. 사각식빵 1장의 한쪽 면에 무염버터 1/2 분량을 바른다.
3. 키친타월 위에 **1**의 오이를 조금씩 어긋나게 겹쳐서 놓은 뒤, 키친타월을 덮고 눌러서 여분의 물기를 제거한다. 오이를 그대로 **2**의 빵 위에 옮긴다.
4. 남은 사각식빵의 한쪽 면에 나머지 무염버터를 바르고 **3** 위에 덮는다. 손바닥으로 전체를 살짝 눌러 속재료와 빵이 잘 어우러지게 한다.
5. 식빵 가장자리를 잘라내고 3등분한다.

### 조립 포인트

오이를 마리네이드할 때는 얇게 썰어야 맛이 빨리 배고 고급스럽게 완성된다. 오이의 수분에 의해 짠맛도 약해지므로 소금, 흰 후추를 조금 넉넉히 뿌리는 것이 포인트. 마리네이드한 뒤에는 반드시 맛을 보고 간을 알맞게 조절한다. 빵 가장자리를 자를 때 오이까지 자르지 않도록, 가장자리보다 8mm 정도 안쪽에 오이를 올린다.

오이를 키친타월 위에 올려놓으면 물기를 제거할 수 있다.

오이를 놓은 키친타월을 그대로 들어서, 버터를 바른 면 위에 올린다.

## 오이 × 식빵 + 재료 응용

# 오이 + 사워크림 샌드위치

오이는 껍질을 벗기면 특유의 풋내가 옅어지고 섬세한 맛이 살아난다. 가염버터로 짠맛을, 사워크림으로 신맛과 깊은 맛을 보충하고, 딜의 향까지 더하면 티타임에 잘 어울리는 고급스러운 샌드위치가 완성된다. 애프터눈 티에 어울리는 샌드위치.

**재료(1개 분량)**

사각식빵(두께 10㎜) 2장
사워크림 15g
가염버터 10g
오이 50g
딜 조금
소금 조금
흰 후추 조금

**만드는 방법**

1. 오이는 껍질을 벗기고 슬라이서를 사용해 2㎜ 두께로 둥글게 썬다(p.22 참조).
2. 사각식빵 1장의 한쪽 면에 가염버터를 바르고 **1**의 오이를 올린 뒤 딜잎, 소금, 흰 후추를 뿌린다.
3. 남은 사각식빵의 한쪽 면에 사워크림을 바르고 **2** 위에 덮는다. 손바닥으로 전체를 살짝 눌러 속재료와 빵이 잘 어우러지게 한다.
4. 식빵 가장자리를 잘라내고 3등분한다.

오이 ✕ 식빵 + 재료 응용

# 오이＋햄페이스트 샌드위치

오이는 허브와 궁합이 좋은데, 그중에서도 딜이나 민트는 특히 잘 어울린다. 딜은 부드러운 향이 있는 반면 민트는 청량감이 강하다. 민트향에 지지 않는 호밀빵에 감칠맛 나는 햄페이스트와 산뜻한 레몬버터를 조합하면, 각각의 개성이 잘 살아난다. 굵게 간 검은 후추를 뿌리는 것이 포인트.

**재료(1개 분량)**
호밀식빵(두께 10mm) 2장
햄페이스트(p.51 참조) 30g
레몬버터(p.42 참조) 10g
오이 50g
민트 조금
검은 후추 조금

**만드는 방법**
1 오이는 껍질을 벗기고 슬라이서를 사용해 2mm 두께로 둥글게 썬다(p.22 참조).
2 호밀식빵 1장의 한쪽 면에 햄페이스트를 바르고, 사진처럼 1의 오이를 올린다. 민트잎을 찢어서 올리고, 굵게 간 검은 후추를 뿌린다.
3 남은 호밀식빵의 한쪽 면에 레몬버터를 바르고 2 위에 덮는다. 손바닥으로 전체를 살짝 눌러 속재료와 빵이 잘 어우러지게 한다.
4 식빵 가장자리를 잘라내고 3등분한다.

02 빵에 생채소를 넣는다

오이 ✕ 식빵 + 재료 응용

# 오이 + 크림치즈 샌드위치

같은 오이 샌드위치라도 다양하게 응용할 수 있다. 슬라이스한 오이를 가지런히 올리는 방법 외에, 오이를 크림치즈로 버무리면 빵 사이에 넣기 좋은 필링이 된다. 크림치즈는 물기를 제거한 오이가 겨우 버무려질 정도만 넣는다. 메인 재료인 오이에 크림치즈의 깊은 맛이 더해져 통밀식빵의 풍미가 잘 살아난다.

**재료(1개 분량)**
통밀식빵(두께 12㎜) 2장
오이 크림치즈 무침* 120g

* **오이 크림치즈 무침**(만들기 쉬운 분량)
오이 1개(100g)를 슬라이서로 얇고 둥글게 썰어서 소금 1/2작은술을 뿌리고 주무른다. 10분 정도 그대로 두었다가 물기를 짜고, 크림치즈 50g을 넣어 버무린다. 흰 후추를 조금 뿌려 간을 한다.

**만드는 방법**
1 통밀식빵 1장의 가운데에 오이 크림치즈 무침을 올리고, 4개의 모서리 방향으로 얇게 펴바른다. 남은 통밀식빵을 위에 덮고, 손바닥으로 전체를 살짝 눌러 속재료와 빵이 잘 어우러지게 한다.
2 식빵 가장자리를 잘라내고, 대각선으로 4등분한다.

오이 ✕ 식빵 + 재료 응용

# 오이 아사즈케 샌드위치

일본식 절임 아사즈케를 피클의 일종이라고 생각하면 빵과 조합하는 것이 그리 어색하지 않다. 청소엽과 모로미 미소를 조합하면 사케에도 잘 어울리는 샌드위치가 된다. 샌드위치라고 서양식만 고집하기 보다, 동양식 양념이나 허브를 조합하면 새로운 맛을 만날 수 있다.

**재료(1개 분량)**

호밀식빵(두께 10mm) 2장
무염버터 10g
오이 아사즈케(p.37 참조) 70g
청소엽 1장
모로미 미소 10g
마요네즈 2g

**만드는 방법**

1. 오이 아사즈케는 슬라이서를 사용해 3mm 두께로 둥글게 썬다(p.22 참조).
2. 호밀식빵 1장의 한쪽 면에 무염버터 1/2 분량을 바르고 청소엽을 올린다. 마요네즈를 가늘게 짜서 뿌리고, 사진처럼 **1**을 올린다.
3. 남은 호밀식빵의 한쪽 면에 나머지 무염버터와 모로미 미소를 덧바른 뒤, **2** 위에 덮는다. 손바닥으로 전체를 살짝 눌러 속재료와 빵이 잘 어우러지게 한다.
4. 식빵 가장자리를 잘라내고 3등분한다.

## 오이 × 식빵 + 재료 응용

# 오이 소금절임 토스트 샌드위치

수분이 많은 오이를 소금에 절인 뒤 물기를 짜내면 식감이 오독오독해서 평소와 다른 느낌을 준다. 오이만으로도 무게감이 있어, 포만감 있는 샌드위치를 만들 수 있다. 셀러리 솔트의 향이 알맞게 악센트가 되어, 토스트의 고소한 맛과 마요네즈의 신맛이 조화를 이룬다. 심플하지만 상상 이상의 맛을 즐길 수 있다.

### 재료(1개 분량)
- 산형식빵(두께 12㎜) 2장
- 마요네즈 20g
- 오이 소금절임(p.23 참조) 100g
- 셀러리 솔트(p.46 참조, 또는 일반소금) 조금
- 흰 후추 조금

### 만드는 방법
1. 산형식빵은 2장 모두 살짝 구운 색이 날 정도로 토스트한 뒤, 각각 한쪽 면에 마요네즈를 1/2 분량씩 바른다.
2. 오이 소금절임은 물기를 꽉 짜서 식빵에 올리고, 셀러리 솔트와 흰 후추를 뿌린다. 남은 산형식빵으로 덮고 4등분한다.

- 오이 소금절임은 물기를 잘 짜는 것이 포인트. 샌드위치 1개(자르기 전)에 오이 1.5개 분량이 기준이다.
- 토스트 샌드위치의 빵은 살짝 구운 색이 날 정도로 구워서, 표면은 바삭하고 속은 수분이 남아 있는 상태가 가장 좋다. 표면을 구워서 단단하게 만들면, 재료를 듬뿍 넣어도 빵이 찌그러지지 않아 조립하기도 쉽다. 지나치게 바삭하면 빵과 속재료가 잘 어우러지지 않으므로 주의한다.

오이 ✕ 핫도그빵 + 재료 응용 빵 교체

# 오이 + 달걀샐러드, 핫도그빵 샌드위치

오이와 달걀은 궁합이 매우 좋아서 맛이 보장된다. 살짝 단맛이 나는 핫도그빵 사이에 샐러드를 듬뿍 넣는다. 연겨자가 악센트 역할을 해, 알싸한 매운맛이 전체적인 맛을 살려준다.

**재료(1개 분량)**

핫도그빵 1개(45g)
무염버터 5g
연겨자 2g
오이 달걀샐러드* 100g

* **오이 달걀샐러드(만들기 쉬운 분량)**
오이 1개는 세로로 2등분해서 씨를 빼고 어슷썬다(p.23 참조). 소금에 절인 뒤 물기를 꽉 짠다. 굵게 다진 삶은 달걀 2개, 마요네즈 24g, 소금과 흰 후추 조금씩을 섞어서 간을 한 뒤, 오이를 넣고 버무린다.

**만드는 방법**

1. 핫도그빵에 길게 칼집을 내고, 안쪽에 무염버터를 바른다. 안쪽 윗면에는 연겨자를 덧바른다.
2. 오이 달걀샐러드를 넣는다.

## 오이 ✕ 식빵 + 재료 응용

# 오이피클+훈제연어 샌드위치

훈제연어가 주인공처럼 보이지만, 실제로는 오이피클이 주인공이다. 산뜻한 신맛의 사워크림, 허브를 넣은 마요소스, 딜의 향이 더해진 오이피클, 그리고 호밀빵. 신맛이 있는 재료들로 연어의 풍미를 살렸다. 절묘한 밸런스를 즐길 수 있는, 어른 입맛에 맞는 조합이다.

### 재료(1개 분량)
호밀식빵(두께 10mm) 2장
레몬버터(p.42 참조) 12g
오이딜피클(p.36 참조, 또는 시판제품) 40g
훈제연어 20g
루콜라 5g
허브마요소스(p.39 참조) 5g

### 만드는 방법
1  오이딜피클을 2mm 두께로 둥글게 썬다.
2  호밀식빵 1장의 한쪽 면에 레몬버터 1/2 분량을 바르고 훈제연어를 가지런히 올린 뒤, 허브마요소스 1/2 분량을 가늘게 짜서 뿌린다.
3  **2** 위에 **1**을 올리고, 나머지 허브마요소스를 가늘게 짜서 뿌린 뒤 루콜라를 올린다.
4  남은 호밀식빵의 한쪽 면에 나머지 레몬버터를 바르고 **3** 위에 덮는다. 손바닥으로 전체를 살짝 눌러 속재료와 빵이 잘 어우러지게 한다.
5  식빵 가장자리를 잘라내고 3등분한다.

오이 ✕ 바게트 + 재료 응용 | 빵 교체

# 오이피클+장봉뵈르

심플한 장봉뵈르에 코르니숑(p.37 참조)을 조합하는 경우도 있지만, 어디까지나 곁들이는 정도이다. 그런데 여기서는 오히려 오이피클이 주인공이 되었다. 큼직한 오이피클을 넣으면 바게트의 씹는 식감이나 햄의 맛에 뒤지지 않는 존재감을 발휘해, 오이의 강력한 맛에 놀라게 된다.

**재료(1개 분량)**
바게트 1/3개
무염버터 10g
오이딜피클(p.36 참조, 또는 시판제품) 40g
수제햄(돼지 뒷다리살) 25g

**만드는 방법**
1 바게트에 가로로 칼집을 내고 안쪽에 무염버터를 바른다.
2 바게트 사이에 수제햄, 세로로 2등분한 오이딜피클을 순서대로 끼워 넣는다.

# 양상추 ✕ 식빵

### 둥글게 접어서

## 양상추 + 햄 샌드위치

양상추와 햄은 샌드위치 재료 중에서도 특히 인기가 많아서 「좋아하는 샌드위치 재료」를 꼽을 때 거의 틀림없이 상위권에 들어간다. 양상추 자체는 맛이나 향이 강하지 않아 그대로 먹으면 특별한 맛이 없지만, 소스나 다른 재료와 조합하면 샐러드로 변신한다. 양상추는 싱싱한 것을 골라 깨끗이 씻고 물기를 완전히 제거한 뒤 사용하는 것이 중요하다. 레몬버터와 양파드레싱을 넣은 마요소스를 조합하면 심플하지만 조화된 맛을 느낄 수 있다. 양상추의 큰 잎 1장을 그대로 접어서 끼우는 것이 포인트. 아삭한 식감과 싱싱한 맛을 즐겨보자.

녹색을 겹겹이

# 그린샐러드 샌드위치

「오이만」 넣고 만든 샌드위치는 있지만 「양상추만」 넣고 만든 샌드위치는 찾아 보기 힘들다. p.70에서 양상추와 햄을 조합한 것처럼, 궁합이 좋은 재료와 조합해야 양상추 고유의 맛이 잘 살아난다. 양상추는 잎채소 중에서도 식감이 매우 좋지만, 색깔이 옅어서 샌드위치의 색감을 살리기는 힘든 채소이다. 그렇다면 다른 잎채소와 함께 조합해보는 것은 어떨까? 선명한 녹색의 버터헤드레터스, 꼬불꼬불 주름이 있는 치커리. 각각 다른 비주얼과 섬세한 맛을 겹겹이 쌓으면, 잎채소만으로도 샐러드 느낌을 낼 수 있다.

## 02 빵에 생채소를 넣는다

# 양상추 ✕ 식빵
# 둥글게 접어서_ 양상추+햄 샌드위치

### 재료(1개 분량)
사각식빵(두께 12㎜) 2장
레몬버터(p.42 참조) 12g
양상추 35g
로스햄 2장(30g)
양파마요소스* 7g

* **양파마요소스**
마요네즈 : 양파드레싱(p.41 참조) = 5 : 2의 비율로 섞는다.

### 만드는 방법
1. 사각식빵 1장의 한쪽 면에 레몬버터 1/2 분량을 바른다. 로스햄 1장은 그대로 빵 가운데에 올리고, 나머지 1장은 반으로 잘라서 왼쪽 사진처럼 올린 뒤, 양파마요소스를 가늘게 짜서 뿌린다.
2. 양상추를 접어서(p.19 참조) **1** 위에 올린다.
3. 남은 사각식빵의 한쪽 면에 나머지 레몬버터를 바르고 **2** 위에 덮는다. 손바닥으로 전체를 살짝 눌러 속재료와 빵이 잘 어우러지게 한다.
4. 식빵 가장자리를 잘라내고 3등분한다.

### 조립 포인트
듬뿍 넣은 양상추가 주인공이다. 신선한 양상추를 찬물에 담가 아삭하게 만들고, 물기를 충분히 뺀 다음 사용하는 것이 중요하다. 가능하면 좋은 품질의 햄을 사용하여, 아삭한 양상추와 고기에 가까운 식감을 지닌 햄의 조화를 느껴보자. 여기서는 양파드레싱과 마요네즈를 섞은 소스를 사용해 산뜻하게 완성한다. 소스는 취향에 따라 허브마요소스(p.39 참조)나 디종 머스터드 마요소스(p.73 참조)를 사용해도 좋다.

둥근 햄을 가운데에 올리면 네 모서리에는 햄이 들어가지 않는다. 2장의 햄을 사용해서 1장은 가운데에 그대로 놓고, 다른 한 장은 반으로 잘라 직선 부분이 바깥쪽(가장자리)을 향하게 놓으면, 빵 전체를 햄으로 덮을 수 있다.

양상추와 햄 자체의 맛을 살리면서 샐러드 느낌을 내기 위해 빵에 레몬버터를 바른다. 레몬버터의 향과 적당한 짠맛이, 듬뿍 넣은 양상추의 양념 역할을 한다.

## 양상추 ✕ 식빵

# 녹색을 겹겹이 _그린샐러드 샌드위치

### 재료(1개 분량)
사각식빵(두께 10㎜) 2장
크림치즈 15g
가염버터 6g
양상추 18g
치커리 7g
버터헤드레터스 5g
디종 머스터드 마요소스* 5g

**\* 디종 머스터드 마요소스**
마요네즈 : 디종 머스터드 = 5 : 1의 비율로 섞는다.

잎채소만으로 이루어진 심플한 조합이므로, 가염버터와 크림치즈를 빵에 발라 맛을 더한다.

### 만드는 방법
**1** 사각식빵 1장의 한쪽 면에 가염버터를 바른다. 버터헤드레터스를 사진처럼 올리고, 디종 머스터드 마요소스 1/2 분량을 가늘게 짜서 뿌린다. 양상추를 접어서(p.19 참조) 올리고, 나머지 디종 머스터드 마요소스를 가늘게 짜서 뿌린 뒤 치커리를 올린다.
**2** 남은 사각식빵의 한쪽 면에 크림치즈를 바르고 **1** 위에 덮는다. 손바닥으로 전체를 살짝 눌러 속재료와 빵이 잘 어우러지게 한다.
**3** 식빵 가장자리를 자르고 3등분한다.

### 조립 포인트
같은 잎채소라도 색깔이나 모양, 단단한 정도가 다르므로, 각각의 특성을 살려 빵 사이에 넣는 순서를 정한다. 버터헤드레터스는 잎이 납작하고 부드러운 식감으로 빵에 잘 달라붙기 때문에 가장 먼저 올린다. 메인인 양상추는 접어서 가운데에 올린다. 여기서는 겉면의 큰 잎보다 안쪽의 작은 잎을 사용해야, 크기면에서 균형이 잘 맞는다. 마지막으로 꼬불꼬불 입체적인 느낌의 치커리를 올린다. 버터헤드레터스와 치커리를 반대 순서로 올리면, 그 위에 올리는 양상추가 안정되지 않으므로 주의한다. 각각의 잎채소 사이에 디종 머스터드 마요소스를 뿌리는 것은, 맛과 재료의 접착을 위해서이다. 마요소스를 너무 많이 넣으면 소스가 흘러나와 단면이 지저분해질 수 있으니, 짤주머니에 넣어서 조금씩 가늘게 짜는 것이 포인트.

양상추 ✕ 식빵 + 재료 응용

# 달걀＋치킨샐러드, 양상추롤 샌드위치

삶은 달걀과 치킨샐러드를 2종류의 양상추로 감싸서 만든 양상추롤을 과감하게 빵 사이에 넣었다. 단단히 감쌌기 때문에 속재료가 많아도 먹기 편할 뿐 아니라 임팩트 있는 비주얼이 된다.

**재료(1개 분량)**
사각식빵(두께 15㎜) 2장
무염버터 10g / 양상추 35g
써니레터스(그린 리프, 프릴레터스도 가능)
　15g
삶은 달걀 1개
치킨샐러드(p.49 참조) 50g
허브마요소스(p.39 참조) 5g
흰 후추 조금

**만드는 방법**

1　양상추와 써니레터스를 겹쳐서 펴고, 앞쪽에 치킨샐러드를 올린다. 그 위에 에그 슬라이서로 자른 삶은 달걀을 조금씩 어긋나게 겹쳐서 올린다. 허브마요소스를 가늘게 짜서 뿌리고, 양상추와 써니레터스를 접어서 속재료를 감싼다(p.19 참조).
2　사각식빵 1장의 한쪽 면에 무염버터 1/2 분량을 바르고 **1**을 올린다.
3　남은 사각식빵의 한쪽 면에 나머지 무염버터를 바르고 **2** 위에 덮는다. 손바닥으로 전체를 살짝 눌러 속재료와 빵이 잘 어우러지게 한다.
4　유산지로 싸서(p.83 참조) 2등분한다. 단면이 위로 오게 놓고 달걀 위에 흰 후추를 뿌린다.

양상추 ✕ 식빵 + 재료 응용

# 양상추가 주인공인 B.L.T.

세계적으로 사랑받는 B.L.T. 샌드위치는 베이컨, 양상추, 토마토의 조합이 절묘한 스테디셀러 샌드위치이다. 3가지 재료 중 어떤 것이 주인공이 되는지에 따라 모양도 맛도 달라진다. 양상추가 주인공이라면, 듬뿍 넣은 양상추의 맛을 살려줄 소스를 고르고 토마토는 조금 적게 넣는다. 토마토의 촉촉함과 베이컨의 감칠맛이 양상추의 식감과 싱싱함을 잘 받쳐준다.

### 재료(1개 분량)

통밀식빵(두께 15㎜) 2장
무염버터 10g
양상추 65g
토마토 40g(큰 것, 두께 8㎜ 반달썰기 2장)
베이컨 3장(40g)
허브마요소스(p.39 참조) 10g
소금 조금
검은 후추 조금

### 만드는 방법

1 베이컨은 길이를 2등분하고 프라이팬에서 양면을 굽는다. 키친타월로 기름기를 뺀다.

2 통밀식빵은 살짝 구운 색이 날 정도로 토스트한 뒤, 1장은 한쪽 면에 무염버터 1/2 분량을 바른다. **1**을 올리고 검은 후추를 뿌린 뒤 허브마요소스 1/2 분량을 가늘게 짠다.

3 토마토는 양면에 소금을 살짝 뿌린 뒤 여분의 물기를 제거하고 **2** 위에 올린다. 굵게 간 검은 후추를 뿌리고 남은 허브마요소스를 가늘게 짠다.

4 양상추를 접어서(p.19 참조) **3** 위에 올린다. 남은 통밀식빵의 한쪽 면에 나머지 무염버터를 바르고 그 위에 덮는다. 손바닥으로 전체를 살짝 눌러 속재료와 빵이 잘 어우러지게 한다.

5 유산지로 싸서(p.83 참조) 2등분한다.

# 토마토 ✕ 식빵

### 단면이 일직선
## 슬라이스 토마토 샌드위치

토마토는 오이, 양상추와 함께 샌드위치에서 빼놓을 수 없는 채소 중 하나이다. 신맛과 단맛의 균형이 잘 맞고 수분이 많은 것이 특징이며, 선명한 빨간색은 샌드위치에 색감을 더해준다. 대부분 다른 재료와 조합해서 사용하지만, 단품으로 사용하면 토마토 자체의 맛을 느낄 수 있다. 슬라이스한 토마토는 크기와 넣는 방법에 따라 샌드위치의 단면이 달라진다. 토마토를 둥글게 썰면 각각 크기가 달라서, 샌드위치를 여러 개 만들 때 고르게 완성하기 어렵다. 반달모양으로 썬 것을 함께 조합하면 버리는 것 없이 보기 좋은 일직선을 만들 수 있다.

## ⌢단면이 동글동글⌢
# 방울토마토 샌드위치

토마토를 샌드위치에 넣을 때 가장 큰 고민은 수분이다. 토마토는 수분이 많은 것이 매력이지만, 빵에 물기가 스며들면 맛을 유지하기 어렵기 때문에 조립방법을 고민해야 한다. 이런 문제의 해결이 바로 방울토마토 샌드위치다. 통째로 넣을 수 있기 때문에 방울토마토의 단면이 빵에 직접 닿지 않는다. 과일 샌드위치를 만들 때처럼 자른 단면을 생각하여 토마토를 넣는 위치를 신중하게 고민해야 한다.

## 토마토 ✕ 식빵

# 단면이 일직선 _슬라이스 토마토 샌드위치

검은 후추를 듬뿍 넣은 크림치즈에 소금을 조금 넣고 섞으면, 빵과 채소가 잘 어우러지게 만들어주는 샌드위치 페이스트가 된다. 토마토와 궁합이 좋으며, 질리지 않는 맛이다.

### 재료(1개 분량)
사각식빵(두께 12mm) 2장
검은 후추 크림치즈(p.42 참조) 30g
토마토 120g(중간 크기, 두께 10mm 반달썰기 4장)
꿀 3g
소금 조금

### 만드는 방법
1. 토마토 양면에 소금을 뿌리고 키친타월로 여분의 수분을 제거한다.
2. 사각식빵 1장의 한쪽 면에 검은 후추 크림치즈 1/2 분량을 바르고, 사진처럼 **1**의 토마토를 가지런히 올린 뒤 꿀을 뿌린다.
3. 남은 사각식빵의 한쪽 면에 나머지 검은 후추 크림치즈를 바르고 **2** 위에 덮는다. 손바닥으로 전체를 살짝 눌러 속재료와 빵이 잘 어우러지게 한다.
4. 식빵 가장자리를 자르고 3등분한다.

### 조립 포인트
슬라이스한 토마토는 단면에서 수분이 빠져나오기 때문에 빵에 닿으면 빵이 눅눅해진다. 샌드위치 빵에 버터를 바르는 것은 빵에 기름막을 입혀서 재료의 수분이 스며드는 것을 막기 위해서인데, 수분이 많은 채소를 조합하는 경우에는 기름막이 오래 유지되지 않는다. 그럴 때는 크림치즈를 사용해보자. 크림치즈를 듬뿍 바르면 수분이 스며드는 것을 막아주는 동시에 토마토의 맛도 잘 살려준다.

### 크림치즈
부드러운 크림 형태의 프레시 치즈로, 유산균의 신맛과 유지방의 리치한 맛이 특징이다. 독특한 맛과 향이 없고 빵에 바르기 좋아서, 샌드위치를 만들 때 꼭 필요한 재료이다. 크림치즈를 빵 표면에 충분히 바르면 수분이 많은 재료를 넣어도, 맛의 개성을 살리면서 빵에 재료의 수분이 스며드는 것을 막을 수 있다. 굵게 간 검은 후추 외에 허브나 마늘을 섞어도 맛있다. 크림치즈는 브랜드에 따라 맛이 다르기 때문에, 소금과 흰 후추로 밑간을 해서 맛을 조절한다. 치즈케이크처럼 꿀이나 설탕으로 단맛을 더해주면, 디저트 샌드위치를 만들 때도 활용할 수 있다.

## 토마토 ✕ 식빵

# 단면이 동글동글_방울토마토 샌드위치

리코타크림을 듬뿍 넣으면 맛도 좋지만, 움직이기 쉬운 방울토마토를 고정시키기도 한다. 방울토마토와 빵 사이를 리코타크림으로 채운다.

### 재료(1개 분량)
사각식빵(두께 15mm) 2장
리코타크림(p.42 참조) 60g
방울토마토 6개
검은 후추 조금

### 만드는 방법
1. 사각식빵 1장의 한쪽 면에 리코타크림 1/2 분량을 바른다. 사진처럼 방울토마토를 위아래로 3개씩 가지런히 올린다.
2. 남은 사각식빵의 한쪽 면에 나머지 리코타크림을 바르고 **1** 위에 덮는다. 손바닥으로 전체를 살짝 눌러 속재료와 빵이 잘 어우러지게 한다.
3. 식빵 가장자리를 자르고 3등분한다. 마무리로 단면에 굵게 간 검은 후추를 뿌린다.

### 조립 포인트
방울토마토 샌드위치를 만들 때는 동그란 것보다 가늘고 긴 모양의 방울토마토를 고르는 것이 좋다. 자르는 위치가 조금 어긋나더라도 동그란 단면이 나오기 때문이다. 방울토마토가 움직이지 않도록 리코타크림으로 단단히 고정시킨다.

### 리코타치즈
리코타는 이탈리아의 프레시 치즈이다. 이탈리아어로 「두 번 끓인다」라는 뜻으로, 치즈를 만들 때 나온 유청(Whey)을 재가열해 굳힌 것에서 유래되었다. 저지방으로 담백하면서도 우유의 단맛이 느껴지는 부드러운 맛이 특징이다. 이탈리아에서는 소금, 후추, 올리브오일을 뿌려서 먹거나, 샐러드에 올리거나, 만두를 닮은 파스타 뇨키의 속으로 사용하기도 하며, 과자에도 많이 사용한다. 한국이나 일본에서도 가정에서 직접 만드는 등 인기가 많은데, 꿀을 더해 단맛과 짠맛이 대비되게 하고 검은 후추로 악센트를 주면 샌드위치를 만들 때도 매우 유용하다.

## 토마토 ✕ 식빵

**고급스러운 슬라이스**

### 토마토 + 새싹채소 샌드위치

샌드위치는 속재료가 고르게 들어가도록 자르는 것이 중요하다. 사각식빵에 둥글게 썬 토마토를 넣고 3등분하면 토마토가 가운데에만 들어가고 양끝에는 빵만 있게 된다. 사각형 빵과 원형 토마토를 모두 고르게 나누기 위해서는 샌드위치를 2등분 또는 4등분한다. 자르기 쉽고 먹기 좋은 것은 4등분이다. 빵 가운데에 주인공 토마토를 넣고, 그 위에 새싹채소를 풍성하게 올린다. 공기를 머금은 새싹채소 덕분에 볼륨도 적당히 생긴다. 심플하지만 샐러드 느낌도 있어 추천하는 조합이다.

과감한 커팅

# 토마토＋참치＋새싹채소 샌드위치

과일 샌드위치를 만들 때는 주인공 과일을 자르는 방법이나 빵에 넣는 방법을 다양하게 연구해야 한다. 먹었을 때 느껴지는 맛의 균형 이상으로, 과감한 비주얼을 중요시하는 경우도 많기 때문이다. 이를 토마토에 응용하여, 토마토 1개를 잘라 남김없이 모두 넣은 샌드위치를 만들었다. 세로로 8등분한 토마토를 껍질이 빵쪽으로 오게 4개씩 엇갈려서 올리면, 식빵 안에 깔끔하게 들어간다. 먹기 편하지는 않지만, 토마토를 온전히 맛볼 수 있는 재밌는 조합임에는 틀림없다.

## 토마토 ✕ 식빵

# 고급스러운 슬라이스 _ 토마토 + 새싹채소 샌드위치

**재료(1개 분량)**
통밀식빵(두께 12㎜) 2장
레몬버터(p.42 참조) 10g
토마토 60g(큰 것, 두께 12㎜ 둥글게 썰기 1장)
브로콜리 새싹 15g
연유마요소스(p.39 참조) 3g
소금 조금
검은 후추 조금

**만드는 방법**
1. 토마토는 양면에 소금을 살짝 뿌리고 키친타월로 여분의 물기를 제거한다.
2. 통밀식빵 1장의 한쪽 면에 레몬버터 1/2 분량을 바른다. 1의 토마토를 올리고 굵게 간 검은 후추를 뿌린 뒤, 연유마요소스를 가늘게 짜서 뿌린다.
3. 2 위에 브로콜리 새싹을 올리고, 남은 통밀식빵의 한쪽 면에 나머지 레몬버터를 발라서 덮는다. 손바닥으로 전체를 살짝 눌러 속재료와 빵이 잘 어우러지게 한다.
4. 식빵 가장자리를 자르고 대각선으로 4등분한다.

**조립 포인트**
연유와 마요네즈를 섞은 연유마요소스에는 당연히 단맛이 있다. 채소에 단맛이 있는 소스를 조합하는 경우가 많지는 않지만, 「단맛」을 알맞게 조합하면 채소의 맛이 깊어지고 맛의 조화를 느낄 수 있다. 토마토와는 특히 궁합이 좋아서, 단맛을 더하면 일반 토마토가 프루트토마토처럼 느껴질 수 있다. 일반 마요네즈로도 만들어서 비교해보자.

## 토마토 ✕ 식빵
# 과감한 커팅 _토마토 + 참치 + 새싹채소 샌드위치

**재료(1개 분량)**

통밀식빵(두께 15㎜) 2장
무염버터 10g / 토마토 1개(160g)
브로콜리 새싹 15g
참치샐러드(p.50 참조) 60g
허브마요소스(p.39 참조) 8g / 소금 조금

**만드는 방법**

1 토마토는 꼭지를 떼고 세로로 8등분한다.
2 통밀식빵은 살짝 구운 색이 날 정도로 토스트하고, 1장의 한쪽 면에 무염버터 1/2 분량을 바른다. 참치샐러드를 올리고, 허브마요소스 1/2 분량을 가늘게 짜서 뿌린다. 1의 토마토 4조각을 껍질이 아래로 오게 가지런히 올리고, 토마토 단면에 소금을 뿌린다. 나머지 4조각은 먼저 올린 토마토 사이에 껍질이 위로 오게 1조각씩 올리고 토마토를 밀착시킨다.
3 나머지 허브마요소스를 가늘게 짜서 뿌리고 브로콜리 새싹을 올린다.
4 남은 통밀식빵의 한쪽 면에 나머지 무염버터를 바르고 3 위에 덮는다. 손바닥으로 전체를 살짝 눌러 속재료와 빵이 잘 어우러지게 한다.
5 유산지로 감싸고(아래 참조) 2등분한다.

**조립 포인트**

토마토를 세로로 8등분해서 조립하면 단면이 밀착되어 무너지지 않기 때문에, 순서만 잘 지키면 의외로 만들기 쉬운 샌드위치이다. 참치샐러드는 듬뿍 넣은 토마토에 밀리지 않는 맛의 요소이며, 토마토를 고정시키는 역할도 한다. 토마토 위에 올린 새싹채소는 폭신해서 적당한 볼륨감을 유지할 수 있다.

**유산지로 싸는 방법**

1 유산지를 사각식빵 세로 길이의 3배 정도로 자르고, 샌드위치를 90°로 돌려서 올린다.
2 유산지 양쪽 가장자리를 샌드위치 가운데 위쪽에서 맞댄 뒤, 다시 90° 돌린다.
3 유산지 양끝의 맞댄 부분을 1㎝ 폭으로 접고, 접은 부분이 샌드위치에 닿을 때까지 계속 접는다.
4 다시 90° 돌려서, 유산지 양끝을 가운데를 향해 각각 삼각형으로 접는다.

5 삼각형 부분을 바닥쪽으로 접어서 넣는다.
6 반대쪽도 같은 방법으로 접어서 넣는다.
7 가운데 접힌 부분과 수직으로 2등분한다.

02 빵에 생채소를 넣는다

토마토 ✕ 식빵 + 재료 응용

# 토마토가 주인공인 B.L.T.

베이컨, 양상추, 토마토를 조합한 B.L.T.에는 생채소가 듬뿍 들어 있다. 양상추가 주인공인 B.L.T.(p.75 참조)는 이미 소개했는데, 여기서는 토마토가 주인공이다. 토마토를 세로로 썰어서 다이내믹한 식감과 풍부한 즙을 즐길 수 있다. 여기에 토마토버터와 케첩을 더해 토마토의 매력을 한껏 살렸다.

### 재료(1개 분량)

통밀식빵(두께 12㎜) 2장
토마토버터* 20g
토마토 80g
　(중간 크기, 세로 8등분 4조각)
양상추 40g
베이컨(구운) 3장(40g)
러시안드레싱(p.43 참조) 8g
소금, 검은 후추 조금씩

\* **토마토버터**(만들기 쉬운 분량)
드라이 토마토(p.25 참조)를 물에 불린 뒤 물기를 살짝 짜서 15g을 다지고, 무염버터 40g을 넣어 섞는다. 소금과 흰 후추를 조금씩 넣어 간을 한다.

### 만드는 방법

1  통밀식빵은 살짝 구운 색이 날 정도로 토스트하고, 1장의 한쪽 면에 토마토버터 1/2 분량을 바른다. 베이컨을 올리고 굵게 간 검은 후추를 뿌린 뒤, 사진처럼 러시안드레싱 1/2분량을 세로로 2줄 뿌린다.

2  토마토 단면에 소금을 살짝 뿌리고 키친타월로 여분의 물기를 제거한 뒤, 사진처럼 **1** 위에 올린다. 굵게 간 검은 후추를 뿌리고 나머지 러시안드레싱을 같은 방법으로 뿌린다.

3  양상추는 15㎜ 폭으로 썰어서 **2** 위에 올린다. 남은 통밀식빵의 한쪽 면에 나머지 토마토버터를 바르고 덮는다. 손바닥으로 전체를 살짝 눌러 속재료와 빵이 잘 어우러지게 한다.

4  식빵 가장자리를 자르고 2등분한다. 굵게 간 검은 후추를 뿌려 마무리한다.

토마토 ✕ 포카치아 + 재료 응용 빵 교체

# 카프레제 포카치아 샌드위치

이탈리아의 대표적인 애피타이저「카프레제」를 이탈리아 빵「포카치아」와 조합한 샌드위치는, 심플하면서도 고급스러운 맛이 특징이다. 토마토, 모차렐라, 바질은 소금과 올리브오일을 적당히 섞었을 때 비로소 그 매력이 살아나고 맛있는 요리가 된다. 샌드위치를 만들 때는 생바질을 그대로 사용하기보다, 조미된 바질소스를 사용해야 실패하지 않는다.

**재료(1개 분량)**

포카치아 1조각(110g)
바질소스(p.40 참조) 6g
타프나드(p.40 참조) 4g
프루트토마토 25g
　(두께 6mm 반달썰기 6장)
루콜라 5g
모차렐라치즈 1/2개(50g)
E.V. 올리브오일 적당량
소금 조금
흰 후추 조금

**만드는 방법**

1. 모차렐라치즈는 6mm 두께로 얇게 썬다. 트레이에 담고 양면에 소금, 흰 후추, 올리브오일을 뿌린다.
2. 포카치아는 가로로 2등분해서 아래쪽 단면에 바질소스를 바른다. 루콜라를 올리고 1과 프루트토마토를 번갈아 겹쳐서 올린다.
3. 포카치아 위쪽 단면에 타프나드를 바르고 2 위에 덮는다.

# 당근 ✕ 식빵

**폭신한 단면**

## 나풀나풀 당근 샌드위치

당근은 샌드위치에 색을 더해주는 반면, 특유의 향이 있어 싫어하는 사람도 많은 채소이다. 당근라페를 만들거나 맛이 강한 재료와 조합하면 당근 고유의 맛과 향이 약해져서 먹기 편하지만, 그래도 맛을 내기 전에 먼저 당근 자체의 맛을 느껴보는 것을 추천한다. 필러로 얇게 썰면 폭신폭신 볼륨이 생기고 향도 부드러워진다. 리코타치즈에 꿀과 검은 후추를 넣은 크림이 당근의 개성을 살려주면서 부드럽게 조화를 이룬다.

## 촘촘한 단면
# 당근채 + 참치샐러드 샌드위치

같은 채소라도 자르는 방법에 따라 식감이나 향이 달라진다. 채썬 당근으로 샌드위치를 만들면 필러로 얇게 썬 것보다 촘촘하게 채울 수 있어 무게감이 생긴다. 당근의 존재감이 강조되기 때문에 조합하는 재료와 균형을 잘 맞춰야 하는데, 이때 조합하기 좋은 재료는 참치샐러드이다. 참치는 특유의 향과 맛이 강하고 비린내가 신경 쓰일 수 있지만, 당근과 만나면 서로의 독특한 맛과 향을 줄여줘서 깔끔하게 즐길 수 있다.

## 당근 ✕ 식빵

## 폭신한 단면 _ 나풀나풀 당근 샌드위치

담백한 리코타치즈에 달콤한 꿀과 굵게 간 검은 후추를 더하면, 생채소의 맛을 살려주는 유용한 크림이 된다. 이 샌드위치에서 맛을 내는 중요한 요소이므로 빵에 듬뿍 바른다.

### 재료(1개 분량)
사각식빵(두께 15mm) 2장
리코타크림(p.42 참조) 40g
당근(필러로 얇게 썬, p.26 참조) 35g

### 만드는 방법
1. 사각식빵 2장의 한쪽 면에 각각 리코타크림을 1/2 분량씩 바르고 사이에 당근을 넣는다. 손바닥으로 전체를 살짝 눌러 당근과 리코타크림이 잘 어우러지게 한다.
2. 식빵 가장자리를 자르고 3등분한다.

### 조립 포인트
필러로 얇게 썬 당근은 폭신한 볼륨감이 생긴다. 빵 사이에 넣어도 납작해지지 않고, 자른 뒤에도 빵과 분리되기 쉬우므로 리코타크림과 당근이 잘 어우러지게 만드는 것이 중요하다. 리코타크림을 듬뿍 바르는 것은 맛을 내기 위해서 뿐 아니라, 빵과 당근의 접착제 역할 때문이기도 하다.

### 식빵을 선택하는 요령 _ 하얀 식빵
샌드위치를 만들 때 기본은 하얀 식빵이다. 촉촉하고 촘촘한 하얀 식빵은 맛이 부드러워서, 어떤 재료와도 잘 어울리는 만능 재료이다. 하얀 빵은 하얀 접시처럼 다른 재료의 색깔을 선명하게 보여주는 장점이 있다. 샌드위치에 사용하기 좋은 빵의 두께는 10~15mm. 고급스러운 티 샌드위치에는 10mm 두께의 빵을 사용한다. 12mm 두께는 어디에나 잘 어울린다.
속재료를 많이 넣을 때나 빵을 제대로 맛보고 싶을 때는 15mm가 좋다. 산형식빵은 틀에 뚜껑을 덮지 않고 굽기 때문에, 반죽이 수직으로 늘어나 사각식빵보다 결이 거칠고 수분도 적다. 토스트하면 바삭한 식감을 살릴 수 있어서 토스트 샌드위치를 만들 때 사용하기 좋다. 여기서는 적당히 두툼한 하얀 사각식빵과 리코타크림 속에서 부드럽게 조화를 이루는 당근을 즐겨보자.

## 당근 ✕ 식빵

# 촘촘한 단면 _ 당근채 + 참치샐러드 샌드위치

채썬 당근을 그대로 넣었기 때문에 맛을 내기 위해 가염버터를 바른다.

### 재료(1개 분량)
통밀식빵(두께 15㎜) 2장
가염버터 10g
당근(슬라이서로 채썬, p.26 참조) 45g
참치샐러드(p.50 참조) 50g

### 만드는 방법
1. 통밀식빵 1장의 한쪽 면에 가염버터 1/2 분량을 바르고, 참치샐러드와 당근을 순서대로 올린다.
2. 남은 통밀식빵의 한쪽 면에 나머지 가염버터를 바르고 1 위에 덮는다. 손바닥으로 전체를 살짝 눌러 속재료와 빵이 잘 어우러지게 한다.
3. 식빵 가장자리를 자르고 3등분한다.

### 조립 포인트
여기서는 당근 자체의 맛을 느끼기 위해 일부러 심플하게 조합하였다. 완성도를 더 높이려면 잎채소로 색감과 샐러드 느낌을 더하여도 좋다. 그럴 때는 당근과 잎채소가 분리되지 않도록 당근 위에 마요네즈를 가늘게 짜서 뿌린 뒤 잎채소를 올린다. 루콜라나 크레송 등 향이 강한 채소들과 잘 어울린다.

---

### 식빵을 선택하는 요령_ 갈색 식빵

하얀 식빵의 매력이 고급스럽고 부드러운 맛이라면, 갈색 식빵은 소박한 맛과 고소한 향이 특징이다. 샌드위치를 만들 때는 속재료와의 궁합이나 균형을 고려해서 빵을 고른다. 플레인 식빵을 백미, 갈색 통밀식빵을 현미라고 생각하면 쉽게 속재료를 고를 수 있다. 하얀 쌀밥에 어울리는 식재료와 현미에 어울리는 식재료가 다르듯이, 하얀 빵에는 부드러운 맛의 재료가, 빵 자체의 맛이 강한 갈색 빵에는 빵에 지지 않는 강한 맛의 재료가 잘 어울린다. 갈색 빵은 색이 짙어질수록 맛의 개성도 강해진다. 통밀식빵보다 호밀식빵이 특유의 향이나 맛이 더 강하고 무게감도 있다. 통밀식빵을 토스트하면 고소한 맛과 향이 더해지므로 토스트 샌드위치를 만들어도 좋다.
통밀식빵의 소박한 향은 참치의 맛에도 지지 않으며, 그 개성을 잘 감싸준다. 생채소와 조합하면 채소의 건강한 맛을 살려준다.

02 빵에 생채소를 넣는다

## 당근 ✕ 식빵 + 재료 응용

# 당근라페 + 달걀 + 치킨샐러드, 컬러풀 샌드위치

당근은 단품으로 사용하기보다 녹색잎채소와 조합하면 색깔이 대비되어 선명한 느낌을 준다. 여기서 사용한 당근라페는 건망고를 넣어서 달콤한 맛이 난다. 청량감 넘치는 루콜라와 조합하여 샐러드 느낌으로 완성하였다. 삶은 달걀과 치킨샐러드로 포만감도 더해져서 추천하는 조합이다.

### 재료(1개 분량)

통밀식빵(두께 15㎜) 2장
무염버터 10g
망고를 넣은 당근라페* 40g
루콜라 4g / 삶은 달걀 1개
치킨샐러드(p.49 참조) 45g
마요네즈 6g / 소금, 흰 후추 조금씩
생피스타치오(이란산, 속껍질 제거) 조금

* **망고를 넣은 당근라페**(만들기 쉬운 분량)
레몬즙 2큰술, 소금 2작은술, 흰 후추 조금을 골고루 섞은 뒤, 식용유 1큰술과 E.V. 올리브오일 1큰술을 조금씩 넣으면서 섞는다. 강판으로 채썬 당근(p.26 참조) 200g, 채썬 건망고 50g을 넣고 전체를 섞는다.

### 만드는 방법

1. 통밀식빵 1장의 한쪽 면에 무염버터 1/2 분량을 바른다. 삶은 달걀은 에그 슬라이서로 잘라 사진처럼 노른자가 있는 조각이 자르는 위치에 오게 올리고, 흰자만 있는 조각은 반으로 잘라 위아래에 올린다. 소금과 흰 후추를 뿌리고 마요네즈 2g을 가늘게 뿌린다.
2. 치킨샐러드를 올리고 마요네즈 2g을 가늘게 뿌린다. 망고를 넣은 당근라페를 올리고 남은 마요네즈를 가늘게 뿌린 뒤 루콜라를 올린다.
3. 남은 통밀식빵의 한쪽 면에 나머지 무염버터를 바르고 **2** 위에 덮는다. 손바닥으로 전체를 살짝 눌러 속재료와 빵이 잘 어우러지게 한다.
4. 식빵 가장자리를 자르고 3등분한다. 굵게 다진 피스타치오를 뿌려서 마무리한다.

당근 ✕ 건포도빵 + 재료 응용 | 빵 교체

# 당근 마리네이드+참치샐러드, 건포도빵 샌드위치

빵 자체에 다른 재료가 섞여 있는 경우 그 재료도 샌드위치의 맛을 구성하는 일부라고 생각하면, 그 빵의 특징을 살린 특별한 샌드위치를 만들 수 있다. 건포도와 호두가 들어 있는 빵도 샌드위치를 만들기 좋은 빵이다. 당근 소금절임은 당근라페로, 심플한 참치샐러드는 식당에서 파는 것처럼 맛이 업그레이드 된다.

### 재료(1개 분량)
건포도호두호밀빵*1 (두께 24mm 슬라이스)
　1장(45g)
무염버터　6g
당근 소금절임*2 (강판으로 채썰어
　소금에 절인, p.26, 27 참조)　35g
참치샐러드(p.50 참조)　30g
어린 소송채(또는 어린 시금치,
　p.13 참조)　4g

### 만드는 방법
1. 건포도호두호밀빵은 윗부분 가운데에 오른쪽 사진처럼 칼집을 내고, 안쪽에 무염버터를 바른다.
2. 어린 소송채, 참치샐러드, 당근 소금절임을 순서대로 넣는다.

*1 건포도의 단맛과 신맛, 호두의 고소한 향미와 식감이 잘 살도록 재료를 조합한다.
*2 당근 소금절임 대신 마요네즈 무침(p.27 참조)을 사용해도 좋다.

## 당근 ✕ 소금빵 + 재료 응용 | 빵 교체

# 생햄＋케일＋당근, 소금빵 샌드위치

소금빵은 적당히 짠맛과 버터향이 있어 그대로 먹어도 맛있지만, 샌드위치로 만들면 맛이 더욱 좋다. 얇게 썬 당근은 식감이 폭신하고 부드러우며, 어린 케일의 은은한 쓴맛은 악센트 역할을 한다. 빵, 생햄의 짠맛과 연유마요소스의 밀키한 단맛이 절묘하게 대비되어, 재료 각각의 맛이 살아난다.

**재료(1개 분량)**
소금빵 1개(52g)
연유마요소스(p.39 참조) 10g
당근(필러로 얇게 썬, p.26 참조) 15g
어린 케일 5g
생햄(프로슈토) 1/2장(6g)
검은 후추 조금

**만드는 방법**
1 소금빵은 길게 칼집을 내고, 안쪽에 연유마요소스 6g을 바른다.
2 사이에 어린 케일을 넣고 연유마요소스 2g을 가늘게 짜서 뿌린 뒤 생햄을 넣는다. 다시 연유마요소스 2g을 짜서 뿌리고 당근을 사이에 넣는다.
3 굵게 간 검은 후추를 뿌려 마무리한다.

당근 ✕ 크루아상 + 재료 응용 빵 교체

# 당근라페 크루아상 샌드위치

크루아상 샌드위치는 크루아상이 시작된 프랑스에서는 거의 볼 수 없는데, 샌드위치에 어울리지 않아서가 아니라 속재료와 균형을 맞추기 힘들기 때문이다. 여기서는 크루아상에 리코타크림을 조합하여 듬뿍 넣은 생채소와 잘 어우러진다. 구운 호두와 당근라페에 넣은 건포도는 악센트 효과.

**재료(1개 분량)**
크루아상 1개(42g)
리코타크림(p.42 참조) 40g
당근라페(p.35 참조) 35g
루콜라 5g
호두(구운)* 2g
검은 후추 조금

* 호두 대신 이집트의 블렌딩 향신료 듀카(p.46 참조)를 사용해도 좋다. 매콤한 향과 견과류가 당근과 잘 어울린다.

**만드는 방법**
1 크루아상에 길게 칼집을 내고, 안쪽에 리코타크림을 바른다.
2 루콜라와 당근라페를 순서대로 넣는다.
3 굵게 다진 호두와 굵게 간 검은 후추를 뿌려서 마무리한다.

# 양배추 ✕ 식빵

소스를 듬뿍 뿌린 돈가스에는 채썬 양배추를 조합하는 것이 기본이고 이를 샌드위치로 만들어도 맛있겠지만, 채썬 양배추를 메인으로 빵 사이에 넣으면 맛이 그리 좋지 않다. 갓 만들었을 때는 양배추의 아삭한 식감과 부드러운 식빵이 잘 어울리지 않으며, 시간이 지나면 숨이 죽고 양배추에서 냄새가 난다. 양배추가 주인공인 샌드위치를 만들 때는 양배추에 미리 밑간을 해야 맛을 잘 살릴 수 있다.

## 양배추 소금절임 + 게맛살 샌드위치

**재료(1개 분량)**

사각식빵(두께 12㎜) 2장
레몬버터(p.42 참조) 8g
무염버터 6g
양배추 소금절임(굵게 채썬, p.20, 21 참조) 70g
게맛살 4줄(32g)
허브마요소스(p.39 참조) 7g
흰 후추 조금

**만드는 방법**

1. 사각식빵 1장의 한쪽 면에 무염버터를 바르고, 양배추 소금절임을 올린 뒤 흰 후추를 뿌린다.
2. 허브마요소스를 가늘게 짜서 뿌리고, 굵게 찢은 게맛살을 올린다.
3. 남은 사각식빵의 한쪽 면에 레몬버터를 바르고 2 위에 덮는다. 손바닥으로 전체를 살짝 눌러 속재료와 빵이 잘 어우러지게 한다.
4. 식빵 가장자리를 자르고 3등분한다.

양배추 ✕ 식빵 + 재료 응용

# 봄양배추 타르타르+햄 샌드위치

부드럽고 단맛이 나는 봄양배추는 색이 고와서 제철에 사용하기 좋은 재료이다. 삶은 달걀과 오이 피클을 넣은 타르타르 샐러드는 햄과 궁합이 매우 잘 맞는다. 같은 조합으로 빵만 바게트나 소금빵으로 바꿔서 만들어도 좋다.

### 재료(1개 분량)
사각식빵(두께 15mm) 2장
무염버터 10g
봄양배추 타르타르 샐러드* 60g
로스햄 2장(30g)

**\* 봄양배추 타르타르 샐러드**
 (만들기 쉬운 분량)
7mm 크기로 네모나게 썬 봄양배추 100g에 소금 2g을 넣고 주물러서 10분 정도 절인다. 물기를 짠 뒤 5mm 크기로 깍둑썬 삶은 달걀 1개, 5mm 크기로 깍둑썬 오이딜피클(p.36 참조, 또는 시판제품) 30g, 마요네즈 20g, 흰 후추 조금을 넣어 섞는다.

### 만드는 방법
1 사각식빵 1장의 한쪽 면에 무염버터 1/2 분량을 바르고 사진처럼 로스햄을 올린다.
2 봄양배추 타르타르 샐러드를 올리고, 남은 사각식빵의 한쪽 면에 나머지 무염버터를 발라서 덮는다. 손바닥으로 전체를 살짝 눌러 식재료와 빵이 잘 어우러지게 한다.
3 식빵 가장자리를 자르고 3등분한다.

양배추 ✕ 식빵 + 재료 응용

# 3색 코울슬로 + 스파이시 치킨 샌드위치

신선한 옥수수의 톡톡 튀는 식감과 단맛을 더한 코울슬로는 색감도 좋고 포만감도 있다. 코울슬로가 치킨 전문점의 사이드 메뉴로 인기가 많은 것에서 알 수 있듯이 스파이시 치킨과도 잘 어울린다. 여기서는 건강에 좋은 닭가슴살로 만든 스파이시 그릴드 치킨과 조합하였다. 맛으로 보나 영양으로 보나 균형이 잘 맞는 조합이다.

### 재료(1개 분량)

통밀식빵(두께 15mm) 2장
레몬버터(p.42 참조) 10g
3색 코울슬로* 60g
스파이시 그릴드 치킨(두께 2.5mm 슬라이스, p.48 참조) 60g
루콜라 8g / 마요네즈 3g
검은 후추 조금

* **3색 코울슬로**(만들기 쉬운 분량)
굵게 채썬 양배추 120g, 생식용 또는 익힌 옥수수 120g, 채썬 당근 60g과 양파마요소스(p.72 참조) 50g, 파르메산치즈 파우더 10g을 섞고, 소금, 흰 후추를 조금씩 넣어 간을 한다.

### 만드는 방법

1 통밀식빵 2장은 살짝 구운 색이 날 정도로 토스트하고, 1장의 한쪽 면에 레몬버터 1/2 분량을 바른다. 루콜라를 올리고 마요네즈를 가늘게 짜서 뿌린 뒤, 스파이시 그릴드 치킨을 올린다. 굵게 간 검은 후추를 뿌린다.
2 3색 코울슬로를 올리고 남은 통밀식빵의 한쪽 면에 나머지 레몬버터를 발라서 덮는다. 손바닥으로 전체를 살짝 눌러 속재료와 빵이 잘 어우러지게 한다.
3 식빵 가장자리를 자르지 않고 2등분한다.

양배추 ✕ 식빵 + **재료 응용**

# 2종류의 양배추, 루벤 샌드위치

루벤 샌드위치는 미국에서 시작된 볼륨감 있는 샌드위치이다. 놀랄 만큼 푸짐한 파스트라미 비프를 메인으로 스위스치즈, 사워크라우트, 러시안드레싱을 호밀빵 사이에 넣는다. 여기서는 파스트라미 비프를 적당히 넣고, 양배추를 듬뿍 넣어 몸에 좋은 건강 버전으로 만들었다. 신맛이 있는 사워크라우트와 적양배추를 이중으로 사용한, 세련된 색배합도 매력적이다.

### 재료(1개 분량)
- 통밀식빵(두께 15mm) 2장
- 에멘탈치즈(슬라이스) 1장(20g)
- 무염버터 4g
- 사워크라우트(p.35 참조, 또는 시판제품) 50g
- 적양배추 소금절임(p.21 참조) 35g
- 파스트라미 비프 50g
- 러시안드레싱(p.43 참조) 7g

### 만드는 방법
1. 통밀식빵 1장은 에멘탈치즈를 올리고, 남은 1장은 원상태 그대로 팬에 올려서, 치즈가 살짝 녹을 때까지 2장을 토스트한다.
2. 치즈를 올리지 않은 통밀식빵에 무염버터를 바르고 파스트라미 비프를 올린 뒤, 러시안드레싱을 가늘게 짜서 뿌린다. 적양배추 소금절임, 사워크라우트를 순서대로 올리고, 그 위에 치즈를 올린 통밀식빵을 덮는다. 손바닥으로 전체를 살짝 눌러 속재료와 빵이 잘 어우러지게 한다.
3. 위아래쪽 식빵 가장자리만 자르고 3등분한다.

## 양배추 ✕ 카이저젬멜 + 재료 응용 / 빵 교체

# 양배추 소금절임 + 닭가슴살, 카이저 샌드위치

양배추를 소금에 절이면 부피가 줄어들기 때문에, 다른 잎채소에 비해 듬뿍 넣을 수 있고 먹기도 편하다. 오스트리아에서 태어난 자그마한 빵 「카이저젬멜」은 씹는 맛이 좋고 짠맛도 적당해 샌드위치에 잘 어울린다. 닭가슴살, 양배추, 양파라는 심플한 조합도 연유마요소스의 부드러운 단맛을 더하면 개성 있는 맛으로 변신한다.

### 재료(각 1개 분량)

**봄양배추 & 햇양파**
카이저젬멜(플레인) 1개(45g)
무염버터 5g
봄양배추 소금절임(p.21 참조) 25g
햇양파(얇게 썬) 5g
샐러드용 닭가슴살(두께 1.5mm 슬라이스, p.49 참조, 또는 시판제품) 40g
연유마요소스(p.39 참조) 3g
흰 후추 조금

**적양배추 & 적양파**
카이저젬멜(참깨) 1개(45g)
무염버터 5g
적양배추 소금절임(p.21 참조) 25g
적양파(얇게 썬) 5g
샐러드용 닭가슴살(두께 1.5mm 슬라이스, p.49 참조, 또는 시판제품) 40g
연유마요소스(p.39 참조) 3g
흰 후추 조금

### 만드는 방법

1 카이저젬멜에 가로로 칼집을 내고 안쪽에 무염버터를 바른다. 샐러드용 닭가슴살을 넣고 흰 후추를 뿌린다.
2 봄양배추 소금절임(또는 적양배추 소금절임)을 올리고 연유마요소스를 가늘게 짜서 뿌린 뒤 햇양파(또는 적양파)를 올린다.

양배추 ✕ 소금빵 + 재료 응용 | 빵 교체

# 사워크라우트 소금빵 핫도그

사워크라우트는 돼지고기 가공품과 궁합이 잘 맞아, 고기의 감칠맛을 잘 살리면서 산뜻하게 즐길 수 있다. 인기 메뉴인 핫도그에 사워크라우트를 듬뿍 넣으면 뒷맛이 깔끔한 요리로 변신한다. 빵은 반드시 소금빵을 사용한다. 심플한 조합이기 때문에 빵과 속재료의 개성을 잘 살릴 수 있다.

**재료(1개 분량)**
소금빵 1개(50g)
무염버터 6g
사워크라우트(p.35 참조, 또는 시판제품) 70g
스모크 소시지(굵은 입자) 1개(58g)
홀그레인 머스터드 적당량

**만드는 방법**
1 소금빵은 위에 칼집을 내서 안쪽에 무염버터를 바른다.
2 사워크라우트 1/3 분량을 빵 사이에 넣고 소시지를 올린다. 나머지 사워크라우트를 올리고, 홀그레인 머스터드를 곁들인다.

02 　빵에 생채소를 **넣는다**

# 셀러리 ✕ 식빵

셀러리의 산뜻한 향과 식감은 빵에 넣어도 존재감이 살고, 개성적인 맛을 더한다. 줄기를 얇게 썰면 적당한 식감과 신선한 맛을 즐길 수 있다. 양파 대신 사용하면 맛이 크게 달라지는 것을 실감할 수 있는데, 참치나 치킨과 특히 잘 어울리고 뒷맛이 산뜻하다.

## 셀러리 + 가다랑어 샌드위치

**재료(1개 분량)**

호밀식빵(두께 10mm) 2장
무염버터　10g
셀러리(얇게 썬)＊　50g
가다랑어 콩피(p.50 참조, 또는 시판
　　참치 오일절임)　35g
허브마요소스(p.39 참조)　12g

＊ 셀러리 대신 셀러리 소금절임(p.29 참조)을 사용해도 좋다.

**만드는 방법**

1　호밀식빵 1장의 한쪽 면에 무염버터 1/2 분량을 바르고, 큼직하게 나눈 가다랑어 콩피를 올린 뒤, 허브마요소스 2/3 분량을 가늘게 짜서 뿌린다.
2　셀러리를 올리고 나머지 허브마요소스를 가늘게 짜서 뿌린다.
3　남은 호밀식빵의 한쪽 면에 나머지 무염버터를 바르고 **2** 위에 덮는다. 손바닥으로 전체를 살짝 눌러 속재료와 빵이 잘 어우러지게 한다.
4　식빵 가장자리를 자르고 3등분한다.

셀러리 ✕ 바게트 + 재료 응용 빵 교체

# 셀러리+치킨샐러드, 바게트 샌드위치

바게트와 생채소를 조합할 때는 씹을 때 느껴지는 식감의 균형이 중요하다. 바게트의 고소한 맛을 살리기 위해 수분이 많이 배어 나오지 않는 채소를 선택한다. 셀러리와 궁합이 좋은 사과를 넣은 치킨샐러드는 바게트와 궁합이 잘 맞으며, 빵 사이에 넣지 않고 따로 먹어도 좋다. 건포도의 단맛과 신맛, 호두의 고소한 맛이 잘 어우러진다.

**재료(1개 분량)**

바게트 1/3개(80g)
무염버터 10g
셀러리 치킨샐러드* 60g
루콜라 4g
호두(구운) 4g

*  **셀러리 치킨샐러드**(만들기 쉬운 분량)
얇게 썬 셀러리 100g, 치킨샐러드(p.49 참조) 100g, 껍질째 채썬 사과 50g, 건포도 20g을 볼에 담고, 레몬즙 1작은술과 마요네즈 10g을 넣어 섞은 뒤 소금, 흰 후추를 조금씩 넣고 간을 한다.

**만드는 방법**

1  바게트는 비스듬히 아래 사진처럼 길게 칼집을 내고 안쪽에 무염버터를 바른다.
2  루콜라, 셀러리 치킨샐러드를 순서대로 넣는다. 굵게 다진 호두를 얹어 마무리한다.

02 빵에 생채소를 넣는다

# 여주 ✕ 식빵

여주는 소금에 절여도 물이 생기지 않고, 싱싱하고 아삭한 식감을 즐길 수 있다. 빵과 조합하는 경우는 드물지만 의외로 샌드위치에 잘 어울린다. 특유의 쓴맛은 소금과 가다랑어포로 버무리면 알맞게 약해지고, 거기에 크림치즈까지 더하면 부드럽게 즐길 수 있다. 개성 있는 맛을 살려 자유롭게 조합해보자.

## 여주 가다랑어포 무침 샌드위치

**재료(1개 분량)**
사각식빵(두께 15㎜) 2장
크림치즈 20g
여주 가다랑어포 무침* 40g

* **여주 가다랑어포 무침**(만들기 쉬운 분량)
세로로 잘라 씨와 속을 제거한 여주 1개(200g)를 2㎜ 두께의 반달모양으로 썰어서 소금 1작은술(약 4g)을 넣고 주무른다. 얇게 깎은 가다랑어포 10g을 넣고 무친다.

**만드는 방법**
1 사각식빵 1장의 한쪽 면에 크림치즈 1/2 분량을 바르고 여주 가다랑어포 무침을 올린다.
2 남은 사각식빵의 한쪽 면에 나머지 크림치즈를 바르고 1 위에 덮는다. 손바닥으로 전체를 살짝 눌러 속재료와 빵이 잘 어우러지게 한다.
3 식빵 가장자리를 자르고 3등분한다.

여주 ✕ 베이글 + **재료 응용** 빵 교체

# 여주 가다랑어포 무침＋닭가슴살, 베이글 샌드위치

여주 가다랑어포 무침에는 마요네즈와 참깨를 넣고 무친 닭가슴살이 잘 어울린다. 건포도가 들어간 베이글을 사용하는 것이 포인트. 건포도의 단맛과 신맛, 여주의 쓴맛 대비가 신선하며 계속 생각나는 맛이다. 크림치즈에 듬뿍 넣은 검은 후추도 절묘하게 어우러진다.

**재료(1개 분량)**
베이글(건포도) 1개(90g)
검은 후추 크림치즈(p.42 참조) 15g
여주 가다랑어포 무침(p.102 참조)
　40g
닭가슴살 참깨마요 무침* 50g

\*　**닭가슴살 참깨마요 무침**(만들기 쉬운 분량)
샐러드용 닭가슴살(p.49 참조) 200g을 결대로 굵게 찢어 마요네즈 50g, 간장 1작은술, 간 참깨(흰깨 또는 황금깨) 25g과 함께 버무리고 소금, 흰 후추를 조금씩 넣어 간을 한다.

**만드는 방법**
1　베이글은 가로로 2등분해서 각각의 단면에 검은 후추 크림치즈를 바른다.
2　닭가슴살 참깨마요 무침과 여주 가다랑어포 무침을 순서대로 넣는다.

02 　빵에 생채소를 **넣는다**

# 새싹채소 ✕ 식빵

가늘고 여린 싹에 영양분이 가득 담긴 새싹채소는, 빵에 듬뿍 넣어도 먹기 편하고 고급스러운 맛이 특징이다. 가는 줄기가 서로 얽혀서 적당한 볼륨감과 폭신한 탄력을 즐길 수 있다. 특히 달걀샐러드와 궁합이 좋아 추천하고 싶은 조합. 빵에 베이스로 버터나 크림류를 듬뿍 바르면 맛이 안정된다.

## 브로콜리 새싹 + 달걀샐러드 샌드위치

**재료(1개 분량)**
사각식빵(두께 10mm) 2장
허브 달걀샐러드* 45g
무염버터 6g
브로콜리 새싹 15g

**\* 허브 달걀샐러드**(만들기 쉬운 분량)
삶은 달걀 2개를 고운 체에 내리고(또는 곱게 다진다), 소금, 흰 후추를 조금씩 넣어 간을 한 뒤, 허브마요소스(p.39 참조) 20g을 섞는다.

**만드는 방법**
1 사각식빵 1장의 한쪽 면에 무염버터를 바르고 브로콜리 새싹을 올린다.
2 남은 사각식빵의 한쪽 면에 허브 달걀샐러드를 바르고 1 위에 덮는다. 손바닥으로 전체를 살짝 눌러 속재료와 빵이 잘 어우러지게 한다.
3 식빵 가장자리를 자르고 4등분한다.

새싹채소 ✕ 버터롤 + 재료 응용 빵 교체

# 브로콜리 새싹+달걀치킨, 버터롤 샌드위치

달걀과 닭가슴살은 맛이 보장된 조합이다. 자그마한 버터롤에 달걀치킨샐러드를 넣어서 만든 샌드위치에 새싹채소를 추가하면 화려한 느낌으로 변신한다. 속재료를 듬뿍 넣은 샌드위치는 먹기 불편한 경우가 많은데, 새싹채소는 적은 양으로도 폭신하고 적당한 볼륨이 생기고 빵을 살짝 눌러주면 흘리지 않고 깔끔하게 먹을 수 있다.

### 재료(2개 분량)
버터롤 2개(각 30g)
무염버터 6g
브로콜리 새싹 30g
달걀치킨샐러드* 80g

*   **달걀치킨샐러드**
    달걀샐러드(p.51 참조)와 치킨샐러드(p.49 참조)를 같은 비율로 섞는다.

### 만드는 방법
1. 버터롤 2개에 각각 가로로 칼집을 내고, 안쪽에 무염버터를 1/2 분량씩 바른다.
2. 달걀치킨샐러드와 브로콜리 새싹을 1/2 분량씩 순서대로 넣는다.

02 빵에 생채소를 넣는다

# 파프리카 ✕ 식빵

색배합에서 주로 포인트 컬러 역할을 하는 파프리카이지만, 얇게 썰어서 소금에 절이면 충분히 주인공이 될 수 있다. 연유마요소스를 곁들이면 특유의 풋내가 한결 누그러진다. 우선은 심플하게, 부드러운 단맛과 은은한 신맛을 즐겨보자.

## 파프리카 샌드위치

**재료(1개 분량)**

사각식빵(두께 10㎜) 2장
연유마요소스(p.39 참조)* 16g
파프리카 소금절임(p.30 참조) 70g
검은 후추 조금

* 연유마요소스 대신 리코타크림(p.42 참조)을 넣어도 맛있다. 그럴 때는 분량을 늘리는 것이 좋은데, 살짝 단맛을 더하면 파프리카의 맛이 잘 살아난다.

**만드는 방법**

1. 사각식빵 1장의 한쪽 면에 연유마요소스 1/2 분량을 바른 뒤, 파프리카 소금절임을 올리고 굵게 간 검은 후추를 뿌린다.
2. 남은 사각식빵의 한쪽 면에 나머지 연유마요소스를 바르고 1 위에 덮는다. 손바닥으로 전체를 살짝 눌러 속재료와 빵이 잘 어우러지게 한다.
3. 식빵 가장자리를 자르고 4등분한다. 단면에 굵게 간 검은 후추를 뿌려 마무리한다.

피망 ✕ 식빵 + 재료 응용

# 피망 + 치킨샐러드 샌드위치

피망은 파프리카에 비해 쓴맛이 강하다고 알려져 있는데, 사실은 생으로 먹어도 맛이 좋다. 아삭한 식감뿐 아니라 적당히 쌉쌀해서 어른스러운 맛이다. 마요네즈에 간장을 더해 살짝 오리엔탈 느낌으로 맛을 냈다. 가다랑어포의 감칠맛을 더하는 것이 포인트.

**재료(1개 분량)**

통밀식빵(두께 15㎜) 2장
마요네즈 10g
피망(세로로 가늘게 채썬) 60g
치킨샐러드(p.49 참조) 65g
가다랑어포 2g
간장마요소스* 4g

\* **간장마요소스**
마요네즈 : 간장 = 10 : 1의 비율로 섞는다.

**만드는 방법**

1. 통밀식빵 2장은 살짝 구운 색이 날 정도로 토스트하고, 한쪽 면에 각각 마요네즈를 1/2 분량씩 바른다.
2. 1장에 피망을 올리고 간장마요소스를 가늘게 짜서 뿌린 뒤 가다랑어포를 올린다.
3. 치킨샐러드를 올리고 남은 통밀식빵을 그 위에 덮는다. 손바닥으로 전체를 살짝 눌러 속재료와 빵이 잘 어우러지게 한다.
4. 식빵 가장자리를 자르고 3등분한다.

02 　빵에 생채소를 넣는다

# 콜리플라워 ✕ 식빵

익혀서 먹으면 부드럽고, 생으로 먹으면 아삭하다. 콜리플라워를 생으로 샌드위치에 넣으면 존재감이 더욱 커진다. 채소는 색감을 위해 사용하는 경우가 많지만, 하얀 콜리플라워만 사용하면 오히려 세련된 느낌의 샌드위치가 된다. 소금, 흰 후추, 와인 비네거로 마리네이드하면 콜리플라워의 개성이 잘 살아난다.

## 콜리플라워 샌드위치

**재료(1개 분량)**
통밀식빵(두께 15㎜) 2장
가염버터 8g
콜리플라워 마리네이드(p.31 참조)
　　　55g

**만드는 방법**
1 통밀식빵 1장의 한쪽 면에 가염버터 1/2 분량을 바르고, 콜리플라워 마리네이드를 올린다.
2 남은 통밀식빵의 한쪽 면에 나머지 가염버터를 바르고 1 위에 덮는다. 손바닥으로 전체를 살짝 눌러 속재료와 빵이 잘 어우러지게 한다.
3 식빵 가장자리를 자르고 3등분한다.

콜리플라워 ✕ 식빵 + **재료 응용**

# 콜리플라워 + 달걀샐러드 샌드위치

생콜리플라워는 달걀샐러드와 궁합이 좋아서, 마리네이드한 뒤 달걀샐러드와 조합해도 좋다. 여기서는 카레로 향을 낸 콜리플라워피클과 오이피클을 넣은 달걀샐러드로 좀 더 업그레이드하였다. 빵을 토스트해서 고소해지면 개성 있는 속재료와 잘 어우러진다.

**재료(1개 분량)**
산형식빵(두께 12mm) 2장
연유마요소스(p.39 참조) 18g
카레향 콜리플라워피클(p.36 참조) 36g
오이피클 달걀샐러드* 60g

*  **오이피클 달걀샐러드**(만들기 쉬운 분량)
삶은 달걀 2개를 굵게 으깨고 소금, 흰 후추를 조금씩 뿌려 밑간을 한다. 마요네즈 24g과 굵게 다진 오이딜피클(p.36 참조, 또는 시판제품) 40g을 넣어 섞는다.

**만드는 방법**

1. 산형식빵은 살짝 구운 색이 날 정도로 토스트하고, 1장의 한쪽 면에 연유마요소스 6g을 바른다. 오이피클 달걀샐러드를 전체에 바른다.
2. 연유마요소스 3g을 가늘게 짜서 뿌리고 얇게 썬 카레향 콜리플라워피클을 올린다. 다시 한 번 연유마요소스 3g을 가늘게 짜서 뿌린다.
3. 남은 산형식빵의 한쪽 면에 나머지 연유마요소스를 바르고 **2** 위에 덮는다. 손바닥으로 전체를 살짝 눌러 속재료와 빵이 잘 어우러지게 한다.
4. 아래쪽 식빵 가장자리만 자르고 4등분한다.

02 빵에 생채소를 넣는다

# 주키니 ✕ 식빵

특유의 오독오독한 식감이 인상적이다. 심플한 주키니 샌드위치에 레몬과 민트 향을 더해 산뜻한 맛으로 완성한다. 주키니의 녹색 껍질과 하얀 속이 보기 좋게 대비를 이루는 새로운 여름 샌드위치이다.

## 주키니 샌드위치

### 재료(1개 분량)

- 사각식빵(두께 12㎜) 2장
- 가염버터 10g
- 주키니(두께 1.5㎜ 둥글게 썬) 70g
- 레몬즙 1작은술
- 레몬제스트 조금
- 민트잎(다진) 3~6장
- 소금 조금
- 흰 후추 조금

### 만드는 방법

1. 주키니는 트레이에 담고 레몬즙, 소금, 흰 후추를 뿌려 전체에 배어들게 한다. 레몬제스트와 다진 민트잎을 뿌린다. 레몬제스트는 마무리용으로 조금 남겨둔다.
2. 사각식빵 1장의 한쪽 면에 가염버터 1/2 분량을 바르고, 오른쪽 사진처럼 1을 조금씩 어긋나게 겹쳐서 올린다.
3. 남은 사각식빵의 한쪽 면에 나머지 가염버터를 바르고 2 위에 덮는다. 손바닥으로 전체를 살짝 눌러 속재료와 빵이 잘 어우러지게 한다.
4. 식빵 가장자리를 자르고 3등분한다. 남겨둔 레몬제스트를 단면에 뿌려서 마무리한다.

## 주키니 ✕ 식빵 + 재료 응용

# 주키니 + 달걀샐러드 샌드위치

주키니는 달걀샐러드와 잘 어울린다. 맛뿐 아니라 색의 균형도 잘 맞아서 추천하는 조합이다. 통밀식빵으로 만들면 더 건강한 맛이 된다. 검은 후추를 넣은 크림치즈로 적당한 감칠맛을 더해 포만감도 느낄 수 있다.

**재료(1개 분량)**
통밀식빵(두께 15㎜) 2장
달걀샐러드(p.51 참조) 60g
검은 후추 크림치즈(p.42 참조) 15g
주키니(두께 2㎜ 둥글게 썬) 40g
소금 조금
흰 후추 조금

**만드는 방법**
1 통밀식빵 1장의 한쪽 면에 검은 후추 크림치즈를 바른 뒤, 사진처럼 주키니를 조금씩 어긋나게 겹쳐서 올리고 소금, 흰 후추를 뿌린다.
2 다른 통밀식빵의 한쪽 면에 달걀샐러드를 바르고 1 위에 덮는다. 손바닥으로 전체를 살짝 눌러 속재료와 빵이 잘 어우러지게 한다.
3 식빵 가장자리를 자르고 3등분한다.

## 양송이 ✕ 식빵

양송이 자체는 맛과 향이 강하지 않지만, 살짝 맛을 내거나 조합을 달리하면 개성을 살릴 수 있다. 하얀 빵보다는 호밀빵과의 조합을 추천한다. 부드럽지만 호밀빵 못지않은 양송이의 존재감에 놀라게 될 것이다.

### 양송이 호밀빵 샌드위치

**재료(1개 분량)**

호밀식빵(두께 10mm) 2장
호스래디시 사워크림(p.43 참조) 15g
가염버터 6g
양송이(두께 2mm 얇게 썬) 3개(45g)
레몬즙 조금
소금 조금
흰 후추 조금

**만드는 방법**

1  양송이에 소금, 흰 후추, 레몬즙을 뿌려 마리네이드한다(p.32 참조).
2  호밀식빵 1장의 한쪽 면에 가염버터를 바르고, 사진처럼 **1**의 양송이를 조금씩 어긋나게 겹쳐서 올린다.
3  남은 호밀식빵의 한쪽 면에 호스래디시 사워크림을 바르고 **2** 위에 덮는다. 손바닥으로 전체를 살짝 눌러 속재료와 빵이 잘 어우러지게 한다.
4  식빵 가장자리를 자르고 4등분한다. 단면에 흰 후추를 뿌려서 마무리한다.

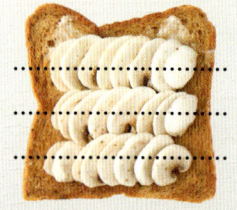

양송이 ✕ 팽 드 캉파뉴 + 재료 응용 | 빵 교체

# 양송이 + 생햄 샌드위치

맛이 강하지는 않지만 개성 강한 식재료와 조합해도 지지 않는 맛을 자랑하는 것이 양송이의 특징이다. 생햄도 페코리노 로마노 치즈도 개성적이고 맛이 강하지만, 양송이가 담백하기 때문에 각각의 감칠맛을 잘 살려준다. 독특한 씹는 맛도 중독성이 있다.

### 재료(1개 분량)

팽 드 캉파뉴(긴 타원형, 두께 24㎜ 슬라이스) 1개(25g)
무염버터 5g
양송이(두께 2㎜ 얇게 썬) 15g
루콜라 3g
생햄(프로슈토) 10g
페코리노 로마노* 3g
트러플 솔트(p.46 참조) 조금
E.V.올리브오일 조금

### 만드는 방법

1 팽 드 캉파뉴는 윗부분 가운데에 칼집을 내서 안쪽에 무염버터를 바른다.
2 루콜라, 생햄을 넣고 올리브오일을 뿌린 뒤 양송이를 올린다. 트러플 솔트를 뿌리고 필러로 얇게 썬 페코리노 로마노를 올린다.

\* 페코리노 로마노
이탈리아 로마에서 시작된 하드타입의 양젖치즈. 염분이 많으며 양젖 특유의 감칠맛이 응축되어 마무리로 조금만 사용한다. 파르메산치즈로 대체할 수 있다.

# 버터헤드레터스 ✕ 식빵

버터헤드레터스의 부드러운 식감과 밝은 녹색의 그러데이션이 샌드위치를 고급스럽게 만들어준다. 단단한 식감의 재료보다 입안에서 사르르 녹는 재료가 어울린다. 햄페이스트의 부드러운 맛과 듬뿍 넣은 버터헤드레터스는 궁합이 잘 맞으며, 호스래디시의 톡 쏘는 매운맛이 좋은 악센트 역할을 한다.

## 버터헤드레터스 + 햄페이스트 샌드위치

**재료(1개 분량)**
사각식빵(10mm) 2장
햄페이스트(p.51 참조) 30g
호스래디시 사워크림(p.43 참조) 10g
버터헤드레터스 12g

**만드는 방법**
1. 사각식빵 1장의 한쪽 면에 호스래디시 사워크림을 바르고 버터헤드레터스를 올린다.
2. 남은 사각식빵의 한쪽 면에 햄페이스트를 바르고 1 위에 덮는다. 손바닥으로 전체를 살짝 눌러 속재료와 빵이 잘 어우러지게 한다.
3. 식빵 가장자리를 자르고 4등분한다.

버터헤드레터스 ✕ 버터롤 + 재료 응용 [빵 교체]

# 햄+달걀+버터헤드레터스, 버터롤 샌드위치

부드러운 버터롤에는 아삭하고 식감이 강한 잎채소보다 부드러운 잎의 버터헤드레터스가 잘 어울린다. 양상추나 그린 리프에 비해 잎 1장의 크기가 작기 때문에, 작은 빵에 넣기 좋다. 햄이나 달걀 샐러드 등 부드러운 맛의 기본 재료로 심플하게 조합한다.

## 재료(각 1개 분량)

**햄**
버터롤 1개(36g)
무염버터 3g
버터헤드레터스 4g
로스햄 2장(15g)
연유마요소스(p.39 참조) 3g

**달걀**
버터롤 1개(36g)
무염버터 3g
버터헤드레터스 4g
달걀샐러드(p.51 참조) 40g
연유마요소스(p.39 참조) 3g

## 만드는 방법

1. 버터롤에 가로로 칼집을 내고 안쪽에 무염버터를 바른다.
2. 버터헤드레터스를 끼우고 연유마요소스를 가늘게 짜서 뿌린다. 로스햄과 달걀샐러드를 각각 넣는다.

버터헤드레터스는 잎의 둥근 모양이 잘 살도록, 밑동 부분은 한입크기로 잘라서 안쪽에 넣는 것이 좋다.

## 경수채 ✕ 식빵

잎채소는 색감을 위해 사용하기도 하는데, 개성 있는 식감을 잘 살리면 다양하게 활용할 수 있다. 경수채는 신선하고 아삭한 식감이 특징이다. 한 방향으로 가지런히 정리해 빵에 올려서 결과 반대로 자르면 식감도 잘 살고 먹기도 편하다. 간 매실절임과 흰 대파로 일본식으로 완성하는 것이 포인트. 햄과 잎채소라는 기본적인 조합도 조금만 생각하면 여러 가지로 응용할 수 있다.

### 경수채＋햄, 일본식 샐러드 샌드위치

**재료(1개 분량)**

사각식빵(두께 10㎜) 2장
무염버터 10g
경수채 20g
수제햄(돼지 뒷다리살) 2장(28g)
대파 흰 부분(p.32 참조) 4g
간 매실절임(p.45 참조)* 4g
마요네즈 4g

* 간 매실절임은 취향에 따라 유자후추로 대체해도 좋다.

**만드는 방법**

1. 사각식빵 1장의 한쪽 면에 무염버터 1/2 분량을 바르고, 그 위에 간 매실절임을 덧바른다.
2. 햄, 대파를 순서대로 올리고 마요네즈 1/2 분량을 가늘게 짜서 뿌린다.
3. 경수채를 올리고 나머지 마요네즈를 가늘게 짜서 뿌린다. 남은 사각식빵의 한쪽 면에 나머지 무염버터를 바르고 그 위에 덮는다. 손바닥으로 전체를 살짝 눌러 속재료와 빵이 잘 어우러지게 한다.
4. 식빵 가장자리를 자르고 3등분한다.

## 쑥갓 ✕ 식빵

생쑥갓은 쌉쌀하고 산뜻한 향이 특징이다. 파르메산치즈와 크림치즈의 깊은 맛과 향, 호두의 식감과 절묘하게 균형을 이루어 쑥갓의 매력을 제대로 느낄 수 있다. 줄기는 단단하지만 씹는 맛이 좋다. 시간이 지나면 식감이 변하므로 갓 만든 샌드위치를 바로 먹는다.

### 쑥갓 파르메산 샐러드 샌드위치

**재료(1개 분량)**

통밀식빵(두께 15㎜) 2장
검은 후추 크림치즈(p.42 참조) 20g
레몬버터(p.42 참조) 5g
쑥갓 파르메산 샐러드* 아래 완성 분량

\* 쑥갓 파르메산 샐러드(샌드위치 1개 분량)
2㎝ 길이로 썬 쑥갓 50g, 마요네즈 10g, 파르메산치즈 파우더 10g, 양파드레싱(p.41 참조) 15g, 구워서 다진 호두 25g, 굵게 간 검은 후추 조금을 같이 섞는다.

**만드는 방법**

1 통밀식빵은 살짝 구운 색이 날 정도로 토스트한다. 식빵 1장의 한쪽 면에 레몬버터를 바르고 쑥갓 파르메산 샐러드를 올린다.

2 남은 통밀식빵의 한쪽 면에 검은 후추 크림치즈를 바르고 1 위에 덮는다. 손바닥으로 전체를 살짝 눌러 속재료와 빵이 잘 어우러지게 한다.

3 식빵 가장자리를 자르고 3등분한다.

## 크레송 ✕ 식빵

크레송의 청량함과 매운맛은 샌드위치의 맛을 전혀 다르게 변화시킬 정도로 존재감이 크다. 개성이 강하지만 채소, 달걀, 고기, 해산물 등 어떤 재료와도 잘 어울리는 매력적인 재료이다. 호밀빵과 연어페이스트의 조합에 산뜻한 뒷맛을 더해줘서 재료 각각의 맛이 잘 살아난다.

### 크레송+연어페이스트, 호밀빵 샌드위치

**재료(1개 분량)**
호밀식빵(두께 10mm) 2장
연어페이스트(p.51 참조) 30g
호스래디시 사워크림(p.43 참조) 15g
크레송 15g

**만드는 방법**
1. 호밀식빵 1장의 한쪽 면에 연어페이스트를 바르고 크레송을 올린다.
2. 남은 호밀식빵의 한쪽 면에 호스래디시 사워크림을 바르고 **1** 위에 덮는다. 손바닥으로 전체를 살짝 눌러 속재료와 빵이 잘 어우러지게 한다.
3. 식빵 가장자리를 자르고 4등분한다.

## 엔다이브 ✕ 바게트

보통 바게트 샌드위치에 생채소를 넣지 않는 이유는 빵이 축축해지거나 식감의 균형이 맞지 않기 때문이다. 껍질이 바삭하고 고소한 바게트는 어울리는 식재료를 잘 골라야 하는데, 엔다이브와는 궁합이 잘 맞는다. 엔다이브의 단단한 식감은 빵 못지않고, 수분도 잘 배어나오지 않으며, 특유의 쌉쌀한 맛이 치즈와도 잘 어울린다.

### 레드 엔다이브 + 장봉 프로마주

**재료(1개 분량)**
미니 바게트 1개(100g)
무염버터 10g
레드 엔다이브 28g
수제햄(돼지 뒷다리살) 20g
에멘탈*(슬라이스) 20g
연유마요소스(p.39 참조) 4g

**＊ 에멘탈**
스위스를 대표하는 하드타입 치즈. 그대로 샌드위치나 샐러드에 넣기도 하지만, 치즈퐁듀에 사용하는 치즈로도 잘 알려져 있다. 「치즈아이」라고 부르는 동그란 구멍이 뚫려 있는 것이 특징이다. 그뤼에르치즈나 좋아하는 슬라이스 치즈로 대체할 수 있다.

**만드는 방법**
1. 미니 바게트에 가로로 길게 칼집을 내고 안쪽에 무염버터를 바른다.
2. 수제햄과 에멘탈을 순서대로 넣는다. 연유마요소스를 가늘게 짜서 뿌리고, 레드 엔다이브를 넣는다.

02 빵에 생채소를 넣는다

## 생채소 샌드위치, 어떻게 조립해야 하나?

**기본편** 기본 조립 방법

샌드위치는 부담 없이 먹을 수 있는 가벼운 식사 메뉴이며, 원래 자유로운 음식이다. 빵에 좋아하는 재료만 넣으면 되므로, 본인이 먹고 싶은 것을 원하는 대로 만든다.

하지만 메뉴를 개발하는 경우에는 무엇이 정답인지 몰라서 어렵게 느끼는 사람들이 많을 것이다. 여기서는 이 책의 메뉴 조립방법을 패턴화하여 설명하였다. 생채소에 한정되지 않고 모든 샌드위치 만들기에 응용할 수 있다. 메뉴 만들기가 고민될 때 참조하면 도움이 된다.

### 생채소 1종류만 사용

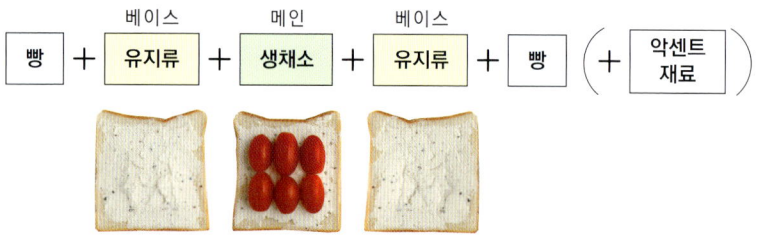

통째로 또는 자르기만 한 생채소를 사용하는 경우, 맛을 잘 살리기 위해 어떤 방법으로든 채소에 맛을 낼 필요가 있다(p.121 메인 생채소 맛내는 방법 참조). 또한 향신료와 허브로 악센트를 더하면, 심플한 조합도 맛이 잘 살아난다.

방울토마토 샌드위치
(p.77 참조)

### 생채소 2종류 이상 조합

2종류 이상의 채소를 조합할 때는 맛을 내는 것 뿐 아니라 채소들을 잘 접착시키는 것도 중요하다. 채소와 채소 사이에 소스를 뿌리면 잘라도 쉽게 흐트러지지 않아 먹기 좋게 완성된다. 악센트 재료를 더하면 심플하면서도 요리 느낌을 낼 수 있다.

토마토 + 새싹채소 샌드위치
(p.80 참조)

### 생채소 + 동물성 식재료 조합

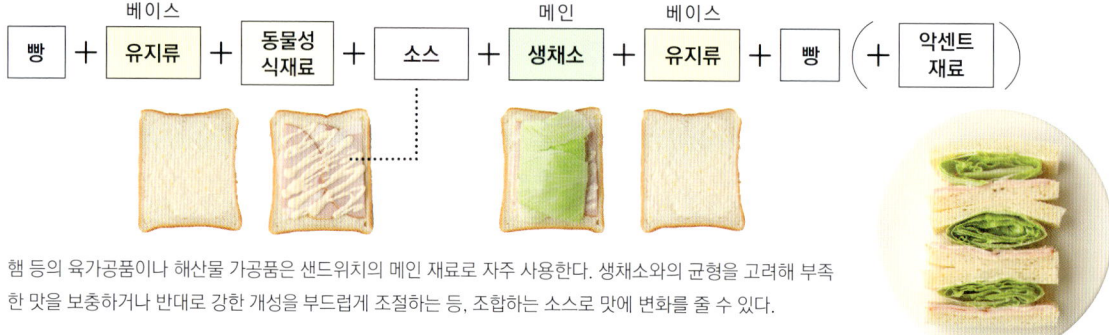

햄 등의 육가공품이나 해산물 가공품은 샌드위치의 메인 재료로 자주 사용한다. 생채소와의 균형을 고려해 부족한 맛을 보충하거나 반대로 강한 개성을 부드럽게 조절하는 등, 조합하는 소스로 맛에 변화를 줄 수 있다.

양상추 + 햄 샌드위치
(p.70 참조)

## 메인 생채소 맛내는 방법

생채소를 메인으로 사용할 경우, 채소에 직접 맛을 내거나 소스류로 맛을 더해 채소 자체의 맛을 살린다. 맛을 내는 방법은 소금, 후추, 식초로 마리네이드하는 방법 외에, 충분히 절여서 피클을 만드는 방법도 있다. 소스를 사용할 때는 수분에 주의해야 한다. 빵에 바르는 버터나 크림류의 맛이 강하면, 그것만으로도 기본적인 맛을 낼 수 있다.

생채소를 그대로 넣는다.
(p.58 참조)

맛을 낸 생채소를 넣는다.
(p.64 참조)

## 동물성 식재료 선택 방법

햄 등의 육가공품, 연어나 참치 등의 해산물 가공품 외에, 치즈도 샌드위치를 만들 때 빼놓을 수 없는 재료이다. 시판제품은 가격과 품질이 비례하므로, 가능한 한 좋은 품질의 제품을 선택한다. 전통적인 저장식품은 짠맛이 강하고 맛도 강한 것이 많기 때문에, 생채소에 따로 맛을 낼 필요가 없는 경우도 있다. 직접 만들면 짠맛 등을 조절할 수 있어서 좋지만 오래 보관할 수 없다. 신선도 관리도 매우 중요하다.

육가공품

해산물 가공품

치즈

## 베이스 유지류 선택 방법

샌드위치를 만들 때는 빵에 버터 등과 같이 베이스가 되는 유지류를 바르는 것이 기본이다. 재료의 수분이 빵에 스며드는 것을 막고 빵과 재료를 접착시키는 것이 목적으로, 맛에도 영향을 미친다. 맛이 강한 재료를 조합하는 경우에는 무염버터가, 맛을 내지 않은 생채소와 조합하는 경우에는 가염버터나 플레이버 버터가 효과적이다. 조합에 맞게 치즈 계열의 페이스트나 마요네즈 계열의 소스를 구분해서 사용한다.

레몬버터
(p.42 참조)

연유마요소스
(p.39 참조)

리코타크림
(p.42 참조)

## 소스 선택 방법

메인 생채소와 동물성 식재료, 그리고 빵이 맛있다면 그것만으로도 맛있는 샌드위치를 만들 수 있다. 하지만 소스를 잘 선택하면 한 단계 높은 맛이 된다. 맛의 수준이 달라지는 것이다. 마요네즈를 베이스로 한 샌드위치 소스는 농도가 알맞아 사용하기 편하다. 소스가 묽은 경우에는 파르메산치즈 파우더나 간 참깨처럼 가루 상태의 식재료를 넣으면 알맞은 농도가 된다.

허브마요소스
(p.39 참조)

시저샐러드 드레싱
(p.43 참조)

러시안드레싱
(p.43 참조)

## 악센트 재료 선택 방법

속재료와 소스로 맛을 더할수록 샌드위치는 가벼운 식사에서 훌륭한 빵요리로 변신한다. 마지막으로 고민해야 되는 것은 맛의 악센트이다. 허브의 산뜻한 향과 향신료의 자극, 견과류의 바삭한 식감 등으로 마지막에 악센트를 살짝 더하면 맛이 훨씬 좋아진다. 머스터드, 고추냉이, 유자후추, 양파 슬라이스, 대파의 흰 부분 등도 악센트 재료로 사용할 수 있다.

호두가 악센트
(p.101 참조)

검은 후추가 악센트
(p.106 참조)

## 응용편1 여러 가지 재료를 조합하는 조립 방법

최근 인기가 많은 재료를 듬뿍 넣은 볼륨감 넘치는 샌드위치는, 색감의 균형을 맞추는 데 중점을 두고 만들면 비슷비슷한 조합이 되기 쉽다. 또한 색감을 중요시하면 재료 수가 늘어나 맛이 잘 어우러지지 않는다. 여러 재료를 조합하는 경우에는 먼저 주제를 정하자. 무심코 조합하던 재료도 그 이유를 생각하면서 조립하면, 모습도 맛도 전혀 다른 샌드위치로 새롭게 태어난다.

### 색감을 생각한다

빨강, 초록, 노랑의 조합은 색의 대비가 강하고 눈에 잘 띄는 비주얼이 된다. 쉽게 색감을 낼 수 있어 기본 믹스 샌드위치를 만들 때 참고하면 좋다. 좀 더 발전하고 싶다면 이 익숙한 조합에서 벗어나 보자. 예를 들면 반대색을 조합하는 방법이 있다. 붉은색 계열의 연어와 녹색 계열의 오이피클, 루콜라를 갈색의 호밀빵 안에 넣으면 어른스러운 느낌의 색감이 된다. 보라색 파스트라미 비프와 같은 계열색인 적양배추의 조합에는 하얀 사워크라우트를 더해 차분한 느낌을 준다. 선명한 색깔 뿐 아니라 세련된 색상 코디로 샌드위치의 매력지수가 올라간다.

채소와 동물성 식재료가
반대색인 경우
(p.68 참조)

채소와 동물성 식재료가
같은 계열색인 경우
(p.97 참조)

### 식감을 생각한다

사각사각, 아삭아삭, 오독오독 등과 같이 채소 종류에 따라 식감의 개성이 다르며, 자르고 조립하는 방법에 따라서도 느낌이 달라진다. 예를 들어 토마토를 슬라이스하면 적당한 씹는 맛이 있지만, 잘게 다지면 물기가 많아져 소스로 사용할 수 있다. 양파의 경우에도 슬라이스한 양파와 다진 양파는 모두 아삭한 식감이지만 미묘한 차이가 있다. 오이피클은 슬라이스하거나 다지는 것이 먹기 편하지만, 큼직한 오이를 그대로 넣으면 오독오독 씹는 맛이 있어 존재감이 커진다. 부드럽게 만들 것인지, 아니면 식감을 살릴 것인지 생각하면서 조립하면 같은 조합이라도 다르게 완성된다.

아삭한 식감
(p.144 참조)

목넘김이 좋은 촉촉함
(p.145 참조)

### 더블데커 샌드위치를 만드는 비결

식빵으로 만드는 샌드위치는 2장의 빵에 속재료를 넣는 것이 기본이지만, 클럽샌드위치처럼 3장의 빵을 사용하기도 한다. 그렇게 2단으로 만든 샌드위치를 「더블데커(double-decker) 샌드위치」라고 한다. 가운데에 빵을 1장 더해, 더 많은 재료를 조합할 수 있고 볼륨감도 좋아진다. 재료를 넣는 순서에 따라서도 전체적인 맛이나 색감이 달라지므로, 균형을 생각해서 조합해야 한다. 예를 들어 여주 클럽샌드위치(p.140 참조)는 「채소+베이컨 층」과 「치킨샐러드+달걀 층」으로 나뉘어 있다. 채소와 동물성 식재료로 나누지 않고 채소와 베이컨을 조합하는 것이 포인트로, 베이컨의 짠맛과 감칠맛이 채소의 맛과 신선함을 살려준다.

채소의 신선함을 강조
(p.140 참조)

파프리카와 달걀의
선명한 색감
(p.137 참조)

## 응용편2 단품 코디를 위한 조립 방법

p.58~119에서 소개한 샌드위치는 채소의 개성을 느낄 수 있는 심플한 조합이어서, 단품으로 내기에는 부족하게 느껴질 수 있다. 맛, 색감, 영양 등 종합적으로 균형을 맞추기 위해서는 2~3종류를 조합하는 것이 좋다. 원하는 것을 고르는 방법도 있지만, 선물용으로 박스에 담는 샌드위치나 파티용 샌드위치를 만들 때는 주제를 정한 뒤 코디하면 실패하지 않는다. 색감은 같은 계열로 그러데이션 효과를 내면 세련된 느낌이 되고, 빨강, 노랑, 초록을 조합하면 화려해진다. 햄, 달걀, 오이 등 기본 재료를 조합하는 티 샌드위치는 클래식한 기본 조합이나 동양풍 응용 조합, 모두 매력적이다.

### 같은 계열 색깔의 코디

그린샐러드 샌드위치 (p.71 참조) + 어슷썬 오이 샌드위치 (p.58 참조)

### 여러 가지 색깔의 코디

주키니+달걀 샌드위치 (p.111 참조) + 당근채+참치샐러드 샌드위치 (p.87 참조)

### 티 샌드위치 코디(기본)

오이+햄페이스트 샌드위치 (p.63 참조) + 브로콜리 새싹+달걀샐러드 샌드위치 (p.104 참조)

### 티 샌드위치 코디(동양풍)

오이 아사즈케 샌드위치 (p.65 참조) + 경수채+햄, 일본식 샐러드 샌드위치 (p.116 참조)

02　빵에 생채소를 넣는다

# 기본 믹스채소 ✕ 식빵

### 분리형

## 녹색채소 & [햄+달걀], 믹스 샌드위치

햄, 달걀, 채소로 만든 심플한 믹스 샌드위치는 많은 사람들이 즐겨 먹는 메뉴이다. 채소와 동물성 식재료의 균형이 잘 맞아 맛은 물론, 포만감도 있다. 여기서는 햄, 달걀, 녹색채소를 주인공으로, 같은 식재료를 4장 또는 3장의 빵에 넣어서 비교해 보았다.
4장의 빵을 사용한 「분리형 샌드위치」는 각각의 조합마다 2종류의 맛을 즐길 수 있다. 오이, 새싹, 아보카도를 넣은 샌드위치는 담백하고 건강에도 좋으며, 햄, 달걀, 버터헤드 레터스로 만든 샌드위치는 맛도 좋고 포만감도 있다. 여기에 토마토 샌드위치나 과일 또는 잼 샌드위치를 더해, 좀 더 화려하게 조립해도 좋다.

더블데커

# 녹색채소 & [햄+달걀], 믹스 샌드위치

3장의 빵을 사용해 2단으로 만드는 「더블데커 샌드위치」는, 가운데에 넣은 1장의 빵 때문에 여러 종류의 재료가 들어가도 안정감 있게 완성된다. 볼륨감도 있고 포만감도 만점이지만, 두께가 지나치게 두꺼워지면 먹기 어려우므로 먹는 사람을 생각해서 조립해야 한다. 여기서는 산형식빵을 토스트해서 고소하고 바삭하게 만들었다. 씹을 때마다 입안에서 모든 재료가 하나로 어우러지기 때문에, p.124의 분리형 샌드위치와는 전체적인 맛이 다르다. 분리형이 「식재료 믹스 샌드위치」라고 한다면, 더블데커는 「맛 믹스 샌드위치」라고 할 수 있다.

## 기본 믹스채소 ✕ 식빵

# 분리형 _ 녹색채소 & [햄 + 달걀], 믹스 샌드위치

### 재료(1개 분량)
**채소 샌드위치**
통밀식빵(두께 12mm) 2장
검은 후추 크림치즈(p.42 참조) 25g
무염버터 4g / 오이 50g(두께 2mm 세로 슬라이스 9장)
브로콜리 새싹 15g
아보카도페이스트(p.175 참조) 45g
양파마요소스(p.72 참조) 2g

**햄 + 달걀 샌드위치**
사각식빵(두께 12mm) 2장
무염버터 4g / 달걀샐러드(p.51 참조) 60g
햇양파(슬라이서로 얇게 썬) 10g
버터헤드레터스 8g
수제햄(돼지 뒷다리살) 2장(50g)
양파마요소스(p.72 참조) 4g

**채소 샌드위치**

**햄 + 달걀 샌드위치**

### 만드는 방법
1. 「채소 샌드위치」를 만든다. 오이는 꼭지를 떼고 길이를 2등분한 뒤, 슬라이서를 사용해 2mm 두께로 길게 슬라이스한다(p.22 참조).
2. 통밀식빵 1장의 한쪽 면에 검은 후추 크림치즈를 바르고 브로콜리 새싹을 올린다. 양파마요소스를 가늘게 뿌리고 **1**의 오이를 올린다.
3. 남은 통밀식빵의 한쪽 면에 무염버터를 바르고, 그 위에 아보카도페이스트를 덧발라서 **2** 위에 덮는다. 손바닥으로 전체를 살짝 눌러 속재료와 빵이 잘 어우러지게 한다.
4. 「햄 + 달걀 샌드위치」를 만든다. 사각식빵 1장의 한쪽 면에 무염버터를 바르고 버터헤드레터스를 올린 뒤, 양파마요소스 1/2 분량을 가늘게 짜서 뿌린다. 햇양파를 올리고 나머지 양파마요소스를 가늘게 짜서 뿌린 뒤 햄을 올린다.
5. 남은 사각식빵의 한쪽 면에 달걀샐러드를 바르고 **4** 위에 덮는다. 손바닥으로 전체를 살짝 눌러 속재료와 빵이 잘 어우러지게 한다.
6. **3**과 **5**를 겹쳐서 식빵 가장자리를 자르고 3등분한다.

### 조립 포인트
「분리형 믹스 샌드위치」는 샌드위치 1개로 색의 균형을 맞추는 것이 아니라 조합했을 때의 균형이 중요하다. 여기서 채소 샌드위치는 녹색의 그러데이션만으로 색감을 억제해서, 햄 + 달걀 샌드위치와 대비를 이룬다. 이 조합을 베이스로, 「파프리카 샌드위치(p.106 참조)」나, 「크레송 + 연어페이스트, 호밀빵 샌드위치(p.118 참조)」를 조합하면 색감과 맛이 한층 더 충실한 믹스 샌드위치가 된다.

# 기본 믹스채소 ✕ 식빵

## 더블데커 _ 녹색채소 & [햄 + 달걀], 믹스 샌드위치

**재료(1개 분량)**

산형식빵(두께 12mm) 3장
달걀샐러드(p.51 참조) 70g
검은 후추 크림치즈(p.42 참조) 30g
무염버터 10g
오이 65g(두께 3mm 어슷썰기 8장)
브로콜리 새싹 15g
햇양파(슬라이서로 얇게 썬) 10g
버터헤드레터스 8g
수제햄(돼지 뒷다리살) 2장(50g)
아보카도페이스트(p.175 참조) 55g
양파마요소스(p.72 참조) 9g

**만드는 방법**

1 오이는 꼭지를 떼어내고 슬라이서를 사용해 2mm 두께로 어슷하게 썬다(p.22 참조).
2 산형식빵 3장은 살짝 구운 색이 날 정도로 토스트한다. 1장의 한쪽 면에 무염버터 1/2 분량을 바르고 버터헤드레터스를 올린다. 양파마요소스 3g을 가늘게 짜서 뿌리고 햇양파를 올린다. 양파마요소스 3g을 가늘게 짜서 뿌리고 수제햄을 올린다.
3 2번째 산형식빵의 한쪽 면에 달걀샐러드를 바르고 **2** 위에 덮는다. 그 위에 나머지 무염버터를 바르고 아보카도페이스트를 덧바른 뒤 브로콜리 새싹을 올린다. 나머지 양파마요소스를 가늘게 짜서 뿌리고, 사진처럼 **1**의 오이를 올린다.
4 남은 산형식빵의 한쪽 면에 검은 후추 크림치즈를 바르고 **3** 위에 덮는다. 손바닥으로 전체를 살짝 눌러 속재료와 빵이 잘 어우러지게 한다.
5 아래쪽 식빵 가장자리만 잘라내고 4등분한다.

**조립 포인트**

재료를 듬뿍 넣은 샌드위치는 가운데가 두꺼워지는데, 더블데커 샌드위치는 사이에 빵을 1장 더 넣어서 안정적으로 평평하게 완성된다. 하지만 빵이 많은 만큼 두께도 두툼해진다. 볼륨을 위해 속재료의 양을 지나치게 늘리면, 흐트러지기 쉽고 먹기도 힘들기 때문에 균형을 잘 맞춰야 한다. 또한 각 층의 조합만 바꿔도 맛이 달라진다. 여기서는 달걀과 아보카도를 가운데에 넣고, 햄과 오이를 바깥쪽으로 분리함으로써, 각각의 맛이 잘 느껴지게 만들었다. 반대로 햄과 오이를 가운데에 넣고, 달걀과 아보카도를 바깥쪽으로 분리시켜 조합하면, 달걀과 아보카도의 부드러운 맛이 돋보인다. 다양한 방식으로 조합해보면서 입맛에 맞는 조합을 찾아보자.

# 색감 살린 믹스채소 ✕ 식빵

### GREEN
## 녹색채소+차슈, 일본식 믹스 샌드위치

빨강, 초록, 노랑이 균형을 이루도록 조합한 믹스 샌드위치는, 화려해서 눈길을 끌지만 사용하는 식재료가 한정적이어서 모두 비슷해지기 쉽다. 색깔을 살리려면 오히려 색을 적게 사용하는 것도 하나의 방법이다. 같은 계열의 색을 겹쳐서 그러데이션 효과를 내면 세련된 느낌을 준다. 같은 색 계열의 식재료는 맛의 궁합이 잘 맞는 것도 많아서, 섬세하게 겹치는 맛을 즐길 수 있다. 잎채소 중심의 녹색채소는 소스를 잘 선택하는 것이 맛있게 만드는 비결이다. 잘랐을 때 단면이 깔끔하려면 소스를 뿌리는 위치가 중요하다.

# RED
## 붉은색 채소 + 로스트비프, 믹스 샌드위치

녹색채소에 비해 맛이 강하고 개성적인 빨강, 자주, 오렌지 색 채소에 같은 색 계열의 로스트비프를 조합했다. 로스트비프도 맛이 강해서 채소의 맛에 밀리지 않는다. 먹기 편하게 만들려면 채소의 양이 적어야 좋지만, 지나치게 적은 양으로는 각각의 맛을 느끼기 어렵다. 여러 종류의 채소를 조합할 때는, 각 채소의 맛을 느낄 수 있는 양과 균형을 잘 맞춰야 한다.

## 색감 살린 믹스채소 ✕ 식빵

# GREEN_ 녹색채소 + 차슈, 일본식 믹스 샌드위치

**재료(1개 분량)**
통밀식빵(두께 15mm) 2장
참깨간장마요소스* 18g
오이 50g(두께 2mm 세로 슬라이스 9장)
양상추 40g
써니레터스 6g
청소엽 1장
양하(채썬) 6g
차슈(얇게 썬, p.47 참조) 45g
마요네즈 3g

* **참깨간장마요소스**(만들기 쉬운 분량)
마요네즈 60g, 간장 1작은술, 간 참깨(흰깨 또는 황금 참깨) 8g을 같이 섞는다.

**만드는 방법**

1 오이는 꼭지를 떼고 길이를 2등분한 뒤, 슬라이서를 사용해 2mm 두께로 길게 썬다(p.22 참조).

2 통밀식빵 1장의 한쪽 면에 참깨간장마요소스 5g을 바르고 차슈를 올린다. 왼쪽 사진처럼 고기 위에 참깨간장마요소스를 1g씩 길게 2줄 뿌린 뒤, **1**의 오이를 조금씩 어긋나게 겹쳐서 올린다.

3 **2**와 같은 방법으로 참깨간장마요소스를 길게 2줄 뿌리고 청소엽과 양하를 얹은 뒤, 같은 방법으로 참깨간장마요소스를 뿌린다. 써니레터스를 올리고 마요네즈를 가늘게 짜서 뿌린다. 양상추를 접어서 (p.19 참조) 올리고 같은 방법으로 다시 참깨간장마요소스를 2줄 뿌린다.

4 남은 통밀식빵의 한쪽 면에 나머지 참깨간장마요소스 5g을 바르고 **3** 위에 덮는다. 손바닥으로 전체를 살짝 눌러 속재료와 빵이 잘 어우러지게 한다.

5 유산지로 감싸서(p.83 참조) 2등분한다.

**조립 포인트**

잎채소를 듬뿍 넣은 샌드위치는 볼륨감과 모양에 신경을 쓰면 맛이 심심해지기 쉽다. 속재료를 올릴 때마다 소스를 뿌리면 맛도 낼 수 있고, 채소가 접착되어 안정적으로 완성된다. 소스는 자르는 위치를 피해서 뿌리는 것이 포인트이다. 잘랐을 때 소스가 흘러나오면 단면이 지저분해진다. 청소엽과 양하의 향이 악센트가 되고, 차슈와 참깨간장마요소스의 맛이 조화를 이룬다.

## 색감 살린 믹스채소 ✕ 식빵

### RED _ 붉은색 채소 + 로스트비프, 믹스 샌드위치

**재료(1개 분량)**

통밀식빵(두께 15mm) 2장
호스래디시 사워크림(p.43 참조) 8g
가염버터 8g
당근 소금절임(슬라이서로 채썰어 소금에 절인,
　p.26, 27 참조) 50g
적양배추 소금절임(p.21 참조) 40g
파프리카(빨간색, 두께 6mm 채썬) 24g
라디치오 20g
적양배추 새싹 10g
적양파(얇게 썬) 6g
로스트비프(얇게 썬) 35g
양파마요소스(p.72 참조) 9g
그레이비소스 5g
소금 조금
흰 후추 조금

**만드는 방법**

1 로스트비프를 트레이 위에 펼쳐놓고 소금, 흰 후추, 그레이비소스를 뿌린다.
2 통밀식빵 2장은 살짝 구운 색이 날 정도로 토스트하고, 1장의 한쪽 면에 호스래디시 사워크림을 바른 뒤 로스트비프, 적양파, 적양배추 새싹을 순서대로 올린다. 사진처럼 양파마요소스를 1.5g씩 세로로 2줄 뿌린다.
3 당근 소금절임과 파프리카를 올리고 **2**와 같은 방법으로 양파마요소스를 2줄 뿌린다. 적양배추 소금절임을 올리고 같은 방법으로 양파마요소스를 뿌린 뒤 라디치오를 올린다.
4 남은 통밀식빵의 한쪽 면에 가염버터를 바르고 **3** 위에 덮는다. 손바닥으로 전체를 살짝 눌러 속재료와 빵이 잘 어우러지게 한다.
5 유산지로 감싸서(p.83 참조) 2등분한다.

**조립 포인트**

채소와 채소 사이에 소스를 뿌리는 방법은 p.130의 「녹색채소＋차슈, 일본식 믹스 샌드위치」와 같다. 당근과 적양배추는 채썰어서 미리 소금에 절여두면 알맞게 맛이 들고, 부피가 줄어들기 때문에 많은 양을 안정적으로 넣을 수 있다. 빵에 비해 속재료의 양이 많은 샌드위치는, 소스를 이용해 재료들을 접착시켜도 자를 때 무너지기 쉽다. 유산지로 싸면 모양이 안정되고 무너지지 않아 먹기에도 좋다.

## 색감 살린 믹스채소 ✕ 식빵

### WHITE
### 하얀색 채소+치킨샐러드, 믹스 샌드위치

일반적으로 샌드위치는 한눈에 맛을 상상할 수 있는, 알기 쉬운 조합이 인기가 많다. 하얀색 채소로 만든 샌드위치는 녹색이나 붉은색 채소로 만든 것처럼 화려하지 않을 뿐 아니라, 무엇이 들어 있는지 알기 어렵다. 반면 식재료 각각의 맛을 잘 살리면 놀라울 정도로 맛이 좋다. 여기서는 하얀색 채소인 콜리플라워, 양송이, 엔다이브, 양배추와 치킨샐러드를 조합하였다. 밑간을 한 채소의 신맛과 살짝 추가한 레몬향이 악센트가 되어, 산뜻하면서 재료의 개성도 돋보인다.

# YELLOW
## 노란색 채소 + 달걀샐러드, 믹스 샌드위치

하얀색 채소 샌드위치는 호밀빵을 사용해 속재료와 빵의 색깔이 대비되게 만든다. 이에 반해 노란색 채소 샌드위치는 하얀 빵을 사용해 빵과 속재료의 그러데이션을 즐길 수 있다. 노란색과 하얀색이 섞인 달걀샐러드를 중심으로, 노란색과 하얀색 계열의 채소(노란 주키니, 콜리플라워, 코린키 호박)를 조합해 부드러운 색감으로 완성했다. 향신료의 향이 은은하게 나는 새콤달콤한 피클과 부드러운 달걀은 색깔만큼 부드럽게 조화를 이룬다.

## 색감 살린 믹스채소 ✕ 식빵

# WHITE_ 하얀색 채소 + 치킨샐러드, 믹스 샌드위치

### 재료(1개 분량)
호밀식빵(두께 10mm) 2장
레몬버터(p.42 참조) 10g
사워크라우트(p.35 참조, 또는 시판제품) 30g
콜리플라워 마리네이드(p.31 참조) 18g
양송이(두께 2mm 얇게 썬) 15g
엔다이브(두께 3mm 채썬) 15g
치킨샐러드(p.49 참조) 45g
레몬제스트 조금
양파마요소스(p.72 참조) 9g
소금 조금
흰 후추 조금

### 만드는 방법
1 호밀식빵 1장의 한쪽 면에 레몬버터 1/2 분량을 바르고, 치킨샐러드와 콜리플라워 마리네이드를 순서대로 올린다. 양파마요소스 3g을 가늘게 짜서 뿌리고 양송이를 올린다. 소금, 흰 후추, 레몬제스트를 뿌린다.
2 양파마요소스 3g을 가늘게 짜서 뿌리고 엔다이브를 올린다. 나머지 양파마요소스 3g을 짜서 뿌리고 사워크라우트를 올린다.
3 남은 호밀식빵의 한쪽 면에 나머지 레몬버터를 바르고 2 위에 덮는다. 손바닥으로 전체를 살짝 눌러 속재료와 빵이 잘 어우러지게 한다.
4 식빵 가장자리를 자르고 3등분한다.

### 조립 포인트
녹색 계열, 붉은색 계열의 샌드위치는 속재료를 듬뿍 넣어 그 색상을 강조하지만, 채도가 낮은 재료를 조합할 때는 볼륨을 줄이는 편이 세련된 느낌을 준다. 하얀색 식재료의 색과 맛을 살리기 위해, 짙은 색 호밀빵을 사용하는 것도 포인트. 빵과 속재료의 색깔이 대비되면서 하얀색 계열 속재료들의 그러데이션이 돋보인다. 여기서는 수제 사워크라우트를 사용했기 때문에 노란빛을 띠지만, 시판제품을 사용하면 좀 더 하얗게 보인다.

## 색감 살린 믹스채소 ✕ 식빵

# YELLOW _ 노란색 채소 + 달걀샐러드, 믹스 샌드위치

**재료(1개 분량)**

사각식빵(두께 12mm) 2장
레몬버터(p.42 참조) 10g
코린키 호박(두께 2mm 얇게 썬, p.14 참조) 45g
주키니(노란색, 국수처럼 썬, p.31 참조) 35g
카레향 콜리플라워피클(p.36 참조) 30g
달걀샐러드(p.51 참조) 50g
양파마요소스(p.72 참조) 9g

**만드는 방법**

1 사각식빵 1장의 한쪽 면에 레몬버터 1/2 분량을 바르고, 달걀샐러드와 주키니를 순서대로 올린다. 양파마요소스 3g을 가늘게 짜서 뿌리고 카레향 콜리플라워 피클을 올린다.
2 양파마요소스 3g을 가늘게 짜서 뿌리고 코린키 호박을 올린다. 나머지 양파마요소스 3g을 뿌린다.
3 남은 사각식빵의 한쪽 면에 나머지 레몬버터를 바르고 2 위에 덮는다. 손바닥으로 전체를 살짝 눌러 속재료와 빵이 잘 어우러지게 한다.
4 식빵 가장자리를 자르고 3등분한다.

**조립 포인트**

특정한 색을 살리고 싶을 때는 먼저 맛과 색깔의 중심이 되는 재료를 정하면 쉽게 조립할 수 있다. 여기서는 달걀샐러드가 중심이다. 달걀샐러드와 궁합이 좋은, 카레향 콜리플라워피클은 채소 중에서 중심이 되는 재료이다. 카레가루를 넣은 피클액으로 콜리플라워를 절이면, 표면에 노랗게 색이 배어 부드러운 색감을 즐길 수 있다. 노란색이 가장 강한 것은 코린키 호박(p.14 참조). 오독오독 씹히는 식감이 좋을 뿐 아니라, 독특한 맛이나 향이 없고 은은한 단맛이 빵에 잘 어울린다. 콜리플라워와 코린키의 식감이 비슷하기 때문에, 노란색 주키니는 국수처럼 썰어서 식감을 부드럽게 만든다. 길게 국수처럼 썰면 달걀샐러드와도 잘 어우러져서 안정적으로 조립할 수 있다.

02 빵에 생채소를 넣는다

# 기본 샐러드 믹스채소 ✕ 식빵

### 시저샐러드 + 빵

## 치킨시저샐러드 샌드위치

믹스 채소 샌드위치 만들기가 고민된다면, 좋아하는 샐러드를 활용해보자. 세계적으로 많이 먹는 샐러드를 그대로 빵에 넣기만 해도 맛은 보장된다. 멕시코에서 시작되어 미국과 세계로 퍼져나간 시저샐러드(p.188 참조)는 한국이나 일본에서도 인기가 많은 샐러드 메뉴 중 하나이다. 빵을 샐러드에 넣는 크루통처럼 토스트해서 조합하는 것이 포인트. 로메인을 주인공으로, 치킨까지 더해주면 포만감도 커진다.

니스식샐러드 + 빵

# 니스식샐러드 샌드위치

프랑스 남서부 니스에서 시작된 니스식샐러드는, 원래 생채소가 주인공으로 익힌 채소는 사용하지 않는다. 이 샐러드를 둥근 빵에 넣은 팡 바냐(pain-bagnat)라는 샌드위치가 있는데, 여기서는 식빵과 조합해서 먹기 좋게 응용하였다. 질 좋은 참치와 토마토를 고르면 고급스러운 맛으로 변신한다. 여기서는 직접 만든 가다랑어 콩피와 프루트토마토를 사용하고, 안초비와 올리브로 만든 타프나드가 악센트가 되었다.

02 빵에 생채소를 넣는다

# 기본 샐러드 믹스채소 ✕ 식빵

## 시저샐러드 + 빵 _ 치킨시저샐러드 샌드위치

### 재료(1개 분량)
통밀식빵(두께 15㎜) 2장
무염버터 10g
로메인레터스 48g
파프리카 허니 피클(두께 7㎜ 스틱모양, p.34 참조) 35g
스파이시 그릴드 치킨(두께 4㎜ 슬라이스, p.48 참조) 68g
시저샐러드 드레싱(p.43 참조) 12g
파르메산치즈 파우더 조금
검은 후추 조금

### 만드는 방법
1 통밀식빵은 살짝 구운 색이 날 정도로 토스트하고, 1장의 한쪽 면에 무염버터 1/2 분량을 바른 뒤 스파이시 그릴드 치킨을 올린다. 시저샐러드 드레싱 1/2 분량을 가늘게 짜서 뿌린다.
2 파프리카 허니 피클을 올리고 나머지 시저샐러드 드레싱을 가늘게 짜서 뿌린다. 로메인을 접어서 (p.19 참조) 올린다.
3 남은 통밀식빵의 한쪽 면에 나머지 무염버터를 바르고 2 위에 덮는다. 손바닥으로 전체를 살짝 눌러 속재료와 빵이 잘 어우러지게 한다.
4 위아래쪽 식빵 가장자리만 잘라내고 3등분한다. 파르메산치즈와 검은 후추를 단면에 뿌린다.

### 조립 포인트
2장의 빵에 속재료를 듬뿍 넣어 만드는 샌드위치는 자를 때 무너지기 쉬운데, 빵을 토스트하면 골격이 튼튼해져서 잘 무너지지 않는다. 보통 믹스 샌드위치에는 여러 종류의 속재료가 들어가는데 치킨, 파프리카, 로메인이라는 심플한 구성이라면 볼륨감이 있어도 안정적으로 완성할 수 있다.
꿀을 넣은 파프리카 피클은 맛이 잘 배어서 크기가 커도 아삭하고 맛있게 먹을 수 있다. 피클이 아닌 생파프리카를 사용할 경우, 좀 더 가늘게 자르고 양을 줄이면 균형을 맞출 수 있다.

## 기본 샐러드 믹스채소 ✕ 식빵
## 니스식샐러드 + 빵 _ 니스식샐러드 샌드위치

### 재료(1개 분량)
통밀식빵(두께 12㎜) 3장
무염버터 20g
프루트토마토(두께 6㎜ 둥글게 썬) 40g
파프리카 소금절임(p.30 참조) 25g
적양파(얇게 썬) 10g
루콜라 5g
가다랑어 콩피(p.50 참조, 또는 시판 참치오일절임) 35g
삶은 달걀 1개
양파마요소스(p.72 참조) 12g
타프나드(p.40 참조) 4g
소금, 검은 후추, 흰 후추 조금씩

### 만드는 방법
1 프루트토마토는 양면에 소금을 살짝 뿌린 뒤, 키친타월로 여분의 수분을 제거한다.
2 통밀식빵 1장의 한쪽 면에 무염버터 5g을 바르고, 양파마요소스 3g을 가늘게 짠 뒤 루콜라를 올린다. 다시 양파마요소스 3g을 가늘게 짜서 뿌리고 1의 토마토를 올린 뒤, 굵게 간 검은 후추를 뿌린다.
3 굵게 찢은 가다랑어 콩피를 올리고 양파마요소스 3g을 가늘게 짜서 뿌린 뒤 적양파를 올린다. 남은 통밀식빵의 한쪽 면에 무염버터 5g을 발라서 덮고, 손바닥으로 전체를 살짝 눌러 속재료와 빵이 잘 어우러지게 한다.

4 3의 윗면에 무염버터 5g을 바르고 타프나드를 덧바른다. 삶은 달걀을 에그 슬라이서로 잘라서 올리고 소금, 흰 후추를 뿌린다. 그 위에 양파마요소스 3g을 가늘게 짜서 뿌리고 파프리카 소금절임을 올린다. 남은 통밀식빵의 한쪽 면에 무염버터 5g을 발라서 덮고, 손바닥으로 전체를 살짝 눌러 속재료와 빵이 잘 어우러지게 한다.
5 식빵 가장자리를 자르고 3등분한다.

### 조립 포인트
굵게 찢은 가다랑어 콩피를 그대로 넣는 것은 직접 만든 가다랑어 콩피의 맛을 살리기 위해서다. 양파마요소스와 적양파를 겹쳐서 얹으면, 씹을 때 입안에서 맛이 잘 어우러진다. 시판 참치를 사용하는 경우 솔리드 타입(블록)을 선택하는 것이 좋다. 플레이크 타입의 참치를 사용할 경우에는, 양파마요소스와 적양파를 넣고 버무린 참치샐러드를 넣어도 좋다.

02 빵에 생채소를 넣는다

# 개성 살린 믹스채소 ✕ 식빵

여주의 쓴맛

## 여주 클럽샌드위치

샌드위치를 만들 때는 맛의 조화가 중요하지만, 맛이 부드러운 재료만으로는 특징이 없는 심심한 샌드위치가 된다. 변화를 주기 위해 악센트가 될 재료나 양념을 조합하거나, 맛이 진한 동물성 재료를 메인 재료로 사용해도 좋다. 생채소가 주인공이 되려면 맛과 식감의 개성이 강한 것을 고른다. 여기서는 기본적인 클럽샌드위치에 양상추 대신 여주를 사용하였다. 베이컨, 치킨샐러드, 달걀 등 동물성 재료를 많이 넣은 조합에서도 여주의 쓴맛이 제대로 느껴지면서 깔끔하고 어른스러운 맛이 된다. 새로운 여름 메뉴로 추천하고 싶은 샌드위치이다.

> 피클의 신맛

# 피클+치킨샐러드 샌드위치

신맛이 있는 드레싱과 소스는 생채소의 맛을 잘 살린다. 생채소로 피클을 만들어서 채소 자체에 신맛이 배어들게 하는 경우도 많다. 그렇지만 피클은 주로 악센트로 사용하지 메인으로 사용하는 경우는 드물다. 여기서는 마요네즈, 디종 머스터드로 심플하게 맛을 낸 치킨샐러드와 수제피클을 같은 비율로 조합하였다. 사이에 로메인을 넣어 샐러드 느낌도 나고, 크림치즈와 파르메산치즈를 조합하여 새콤한 맛이 잘 느껴지면서 부드럽게 조화를 이룬다.

## 개성 살린 믹스채소 ✕ 식빵

## 여주의 쓴맛_여주 클럽샌드위치

### 재료(1개 분량)
산형식빵(두께 12mm) 3장
무염버터 15g
여주 소금절임(p.31 참조) 40g
토마토 60g(큰 것, 두께 6mm 둥글게 썰기 2장)
적양파(얇게 썬) 10g
치킨샐러드(p.49 참조) 60g
삶은 달걀 1개
베이컨(반으로 잘라 구운) 3장(40g)
양파마요소스(p.72 참조) 8g
크림치즈 15g
소금, 검은 후추, 흰 후추 조금씩

### 만드는 방법
1 토마토는 양면에 소금을 살짝 뿌린 뒤 키친타월로 여분의 수분을 제거한다.
2 산형식빵 3장은 살짝 구운 색이 날 정도로 토스트하고, 1장의 한쪽 면에 무염버터 5g을 바른다. 에그 슬라이서로 자른 삶은 달걀을 올리고 소금, 흰 후추를 뿌린 뒤 양파마요소스 2g을 가늘게 뿌린다.
3 2 위에 치킨샐러드를 올리고 양파마요소스 2g을 가늘게 짜서 뿌린 뒤 적양파를 올린다.
4 2번째 산형식빵의 한쪽 면에 무염버터 5g을 발라서 덮는다. 손으로 살짝 눌러 속재료와 빵이 잘 어우러지게 한다. 윗면에 무염버터 5g을 바른다.
5 베이컨을 올리고 양파마요소스 2g을 가늘게 뿌린다. 1의 토마토를 올리고 굵게 간 검은 후추를 뿌린 뒤, 다시 양파마요소스 2g을 가늘게 짜서 뿌린다. 그 위에 여주 소금절임을 올린다.
6 남은 산형식빵의 한쪽 면에 크림치즈를 바르고 5 위에 덮는다. 손바닥으로 전체를 살짝 눌러 속재료와 빵이 잘 어우러지게 한다.
7 아래쪽 식빵 가장자리만 잘라낸 뒤, 사진처럼 위쪽의 둥근 부분을 자르고, 나머지는 대각선으로 4등분한다.

### 조립 포인트
여주의 선명한 녹색과 토마토의 붉은색이 대비를 이루며 눈길을 끈다. 베이컨은 토마토와 색이 비슷해서 샌드위치의 단면에서 눈에 잘 띠지 않지만, 베이컨을 넣음으로써 채소 맛이 더욱 좋아진다. 또한 빵과 토마토가 닿지 않기 때문에 토마토의 수분이 빵에 스며드는 것을 막아주는 효과도 있다.
여주 소금절임 대신 여주 가다랑어포 무침(p.102 참조)을 사용하거나, 양파마요소스를 참깨간장마요소스(p.130 참조)로 대체해도 맛있다.

# 개성 살린 믹스채소 ✕ 식빵

## 피클의 신맛 _ 피클 + 치킨샐러드 샌드위치

### 재료(1개 분량)
통밀식빵(두께 15mm) 2장
무염버터 5g
크림치즈 15g
오이·파프리카·적양파 즉석피클(p.34 참조) 50g
로메인 28g
치킨샐러드(p.49 참조) 50g
마요네즈 3g
파르메산치즈 파우더 3g

### 만드는 방법
1. 통밀식빵 2장은 살짝 구운 색이 날 정도로 토스트해서 1장의 한쪽 면에 무염버터를 바른다. 치킨샐러드를 올리고 로메인을 접어서 올린다.
2. 마요네즈를 가늘게 짜서 뿌린다. 피클은 보기 좋게 오이, 파프리카를 순서대로 올린 뒤, 적양파를 올리고 파르메산치즈를 뿌린다.
3. 남은 통밀식빵의 한쪽 면에 크림치즈를 발라서 **2** 위에 덮는다. 손바닥으로 전체를 살짝 눌러 속재료와 빵이 잘 어우러지게 한다.
4. 식빵 가장자리를 자르지 않고 그대로 2등분한다.

### 조립 포인트
채소로 만든 피클이나 마리네이드는 맛이 강해서 적은 양으로도 존재감이 돋보인다. 보통은 악센트로 사용하는 경우가 많은데, 듬뿍 넣으면 강렬한 맛이 된다. 치킨이나 양상추와 조합하면 샐러드 샌드위치답게 산뜻한 맛이 된다.
크림치즈와 파르메산치즈를 이중으로 사용하는 것도 맛을 내는 비결이다. 크림치즈와 파르메산치즈의 감칠맛이 섞이면서 신맛만 강조되지 않고 부드럽게 완성된다. 빵에 바른 크림치즈는 빵에 수분이 스며드는 것을 막아주고, 가루 형태의 파르메산치즈는 피클의 수분을 머금어 맛을 오래 유지시켜주는 효과도 있다.

02 빵에 생채소를 넣는다

## 믹스채소 ✕ 핫도그빵

# 시카고 핫도그

핫도그는 햄버거와 함께 미국을 대표하는 국민음식이다. 소시지와 케첩, 머스터드의 조합이 기본이지만 지역에 따라 다양한 토핑을 사용한다. 시카고 핫도그가 대표적인데, 토마토의 촉촉함, 피클의 아삭한 식감이 균형을 이루면서 핫도그가 건강식으로 변신한다. 아보카도나 토마토 살사를 조합하는 경우도 많다. 독일, 이탈리아, 멕시코 등에서 유래한 다양한 맛의 토핑은 인종의 「샐러드 볼」이라 불리는 미국 특유의 음식문화를 보여준다. 샐러드 느낌으로 자유로운 조합을 즐겨보자.

### 재료(1개 분량)
핫도그빵  1개(45g)
마요네즈  4g
스모크 소시지(굵은 입자)  1개(58g)
토마토  20g
  (작은 것, 두께 6mm 반달썰기 3장)
양파(다진)  7g
오이딜피클(p.36 참조, 또는 시판제품)
  1.5개(28g)
스위트 렐리시(p.37 참조)  10g
풋고추 초절임(둥글게 썬, p.37 참조)  3g
셀러리 솔트(p.46 참조)  조금
옐로 머스터드(p.45 참조)  3g

### 만드는 방법
1 핫도그빵은 위에 칼집을 내고 안쪽에 마요네즈를 바른다.
2 소시지는 중탕으로 데운다.
3 1에 토마토와 2를 넣고 옐로 머스터드를 짜서 뿌린다.
4 세로로 2등분한 오이딜피클, 스위트 렐리시, 풋고추 초절임, 양파를 순서대로 올리고 셀러리 솔트를 뿌린다.
• 양귀비 씨를 뿌린 빵과 올비프 소시지를 사용하는 것이 본고장 스타일이다. 구할 수 있으면 꼭 한 번 만들어보자.

믹스채소 ✕ 핫도그빵 + 재료 응용

# 샐러드 핫도그

**재료(1개 분량)**
핫도그빵 1개(45g)
마요네즈 4g
스모크 소시지(굵은 입자) 1개(58g)
써니레터스(또는 그린 리프) 4g
케카소스*1(p.41 참조) 20g
아보카도페이스트(p.175 참조) 18g
적양배추 초절임*2(시판제품, p.37 참조) 18g
에스플레트 고춧가루(p.44 참조, 또는 파프리카 파우더) 조금

*1 여기서는 이탈리아의 케카소스를 사용하는데, 취향에 따라 멕시코식 살사 멕시카나(p.175 참조)로 대체할 수 있다.
*2 채썬 적양배추를 소금에 절인 뒤 식초를 조금 넣고 버무린 것을 사용해도 좋다.

**만드는 방법**
1. 핫도그빵은 위에 칼집을 내고 안쪽에 마요네즈를 바른다.
2. 소시지는 중탕으로 데운다.
3. 써니레터스를 1의 한쪽에 주름이 잘 보이도록 넣고, 그 위에 2를 올린다. 적양배추 초절임을 올리고, 다른 한쪽의 단면에 아보카도페이스트를 덧바른 뒤, 가운데에 케카소스를 올린다. 위에 에스플레트 고춧가루를 뿌려 마무리한다.

## 03
**빵에 생채소를**
# 올린다
# 바른다

## 오픈 샌드위치, 어떻게 조립해야 하나?

일반 샌드위치는 2장의 빵에 재료를 넣는 「클로즈드 샌드위치」인데 반해, 1장의 빵 위에 재료를 올리는 샌드위치를 「오픈 샌드위치」라고 한다. 맛과 색의 균형을 잘 맞춰서 무너지지 않게 사이에 「넣는」 기술이 있듯이, 먹기 좋게 균형을 맞춰서 잘 「올리려면」 조립 방법의 기본을 아는 것이 중요하다. 재료 고유의 맛이 잘 살도록 가능한 한 심플하게 만드는 것이 좋다. 기본을 알면 자유롭게 응용할 수 있다.

### 타르틴과 카나페?

타르틴(Tartine)은 프랑스어로 빵에 버터나 잼을 바른 것을 말한다. 잼이나 버터를 바른 아침빵, 페이스트를 바른 가벼운 식사빵, 그리고 슬라이스한 팽 드 캉파뉴로 만든 오픈 샌드위치 등을 타르틴이라고 한다. 카나페(Canapé)도 프랑스어인데 작은 오픈 샌드위치를 말한다. 식빵을 얇게 썰어 둥근 틀로 찍어내거나, 카나페용으로 구운 촘촘한 바게트를 얇게 썰어 토스트한 뒤, 재료를 위에 올려서 안주나 전채로 즐긴다. 이 책에서는 특정 메뉴 외에는 큰 빵으로 만든 것을 타르틴, 작은 빵으로 만든 것을 카나페라고 한다.

### 조립 방법 1

맛이 진한 버터 등을 베이스로 빵에 바르고 그 위에 먹기 좋게 자른(주로 얇게 썬) 생채소를 올리는 것이 기본이다. 채소 자체에는 맛을 내지 않기 때문에, 채소 고유의 맛을 살려주는 짠맛이 있는 베이스를 선택하는 것이 포인트. 마무리 토핑으로 맛과 풍미를 보충하고 악센트를 더해보자.

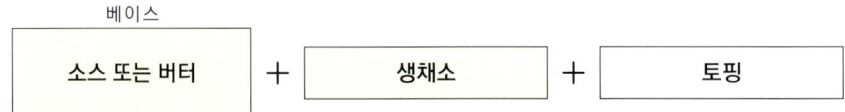

#### 예1 방울토마토 타르틴 (p.152 참조)

마늘과 허브향이 있는 세르벨 드 카뉘(p.43 참조)를 빵에 바르기만 해도 충분히 맛있지만, 방울토마토의 촉촉함, 단맛, 신맛을 더하면 세련된 빵요리가 된다. 토핑으로 사용할 딜의 향이 악센트.

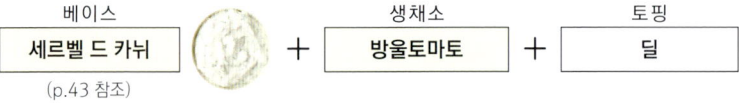

베이스: 세르벨 드 카뉘 (p.43 참조) + 생채소: 방울토마토 + 토핑: 딜

#### 예2 양송이 타르틴 (p.158 참조)

레몬버터의 짠맛과 향으로 양송이 특유의 깔끔한 맛이 돋보인다. 토핑으로 사용한 파르미자노 레자노가 짠맛과 감칠맛을 더해 맛의 골격을 만든다.

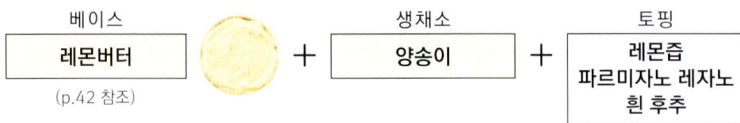

베이스: 레몬버터 (p.42 참조) + 생채소: 양송이 + 토핑: 레몬즙, 파르미자노 레자노, 흰 후추

#### 예3 미즈나스 타르틴 (p.160 참조)

안초비와 올리브로 만든 타프나드의 진한 맛이 담백한 미즈나스와 빵을 요리로 변신시킨다. 올리브오일과 바질의 향을 더해 세련된 느낌으로 마무리한다.

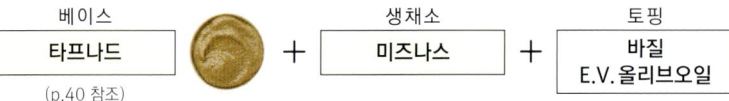

베이스: 타프나드 (p.40 참조) + 생채소: 미즈나스 + 토핑: 바질, E.V. 올리브오일

### 조립 방법 2

무염버터나 올리브오일 등 짠맛이 없는 베이스를 빵에 바르고, 그 위에 충분히 맛을 낸 생채소를 올린다. 단품으로 맛있는 것도 여러 가지를 조합하면 짠맛이 지나치게 강해지거나 향이 복잡해질 수 있기 때문에, 심플하게 만드는 것이 포인트. 토핑은 생채소에 맛을 낼 때 섞어도 좋다.

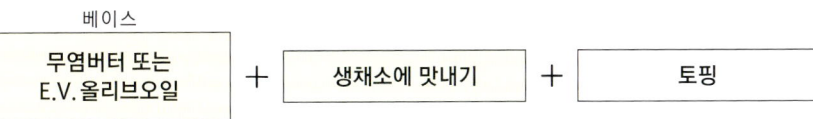

예 **함초 카나페** (p.161 참조)

메인인 함초에 충분히 맛을 냈기 때문에, 베이스는 무염버터로 한다. 황금깨가 심플한 조합에서 향의 악센트가 된다.

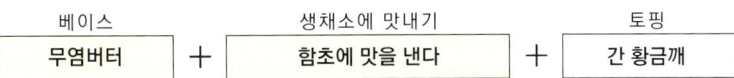

### 조립 방법 3

무염버터나 올리브오일 등 짠맛이 없는 베이스를 빵에 바르고, 메인인 생채소에 어울리는 부재료를 조합한다. 맛을 더해주는 토핑 재료와 마무리의 악센트가 되는 토핑 양념을 조합해, 다양한 맛의 요소를 더한다. 맛의 다양함과 깊이를 느낄 수 있는 수준 높은 조립방법이다.

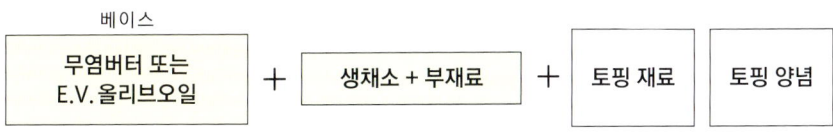

예 **엔다이브 + 서양배 타르틴** (p.156 참조)

말린 과일이 들어 있는 호밀빵을 사용해 빵 자체의 맛을 살리면서, 메인이 될 수 있는 몇 가지 재료를 조합한다.

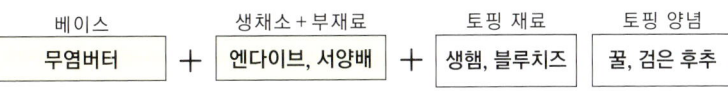

### 오픈 샌드위치용 빵에 대하여

한입에 먹는 카나페 스타일

흘리기 쉬운 재료는 바게트를 수평으로!

큼직하고 화려하게!

**토스트가 기본**

빵에 속재료를 넣을 경우에는 촉촉하고 부드러운 빵이 잘 어울리지만, 빵 위에 속재료를 올릴 때는 빵을 토스트하는 것이 좋다. 빵이 촉촉하고 부드러우면 한 손으로 들기 힘들고, 위에 올린 재료를 흘리기도 쉽다. 바삭하게 구우면 식감도 가벼워지고 잘 잘라져서 먹기 편하다.

**빵을 자르는 방법은 재료에 따라 결정한다**

아침식사로 먹는 타르틴은 바게트를 수평으로 길게 자르는 것이 기본이다. 우리에게는 익숙하지 않은 방법이지만, 공기구멍이 있는 바게트를 둥글게 자르면 구멍으로 잼이 흘러내린다. 수평으로 자르면 소스 형태의 재료를 올려도 크러스트(껍질)가 막아줘서 흐르지 않는다. 먹기 좋게 만들려면 얇고 둥글게 써는 것이 가장 좋으며, 구멍으로 흘러내리지 않는 재료를 조합하면 된다. 큼지막한 캉파뉴는 얇게 슬라이스해서 1장을 그대로 사용하면 멋스러운 요리가 된다. 먹기 좋게 만들려면 반으로 자른다.

## 토마토 × 바게트
# 케카소스 브루스케타

브루스케타(Bruschetta)는 이탈리아의 빵요리로, 빵을 구운 뒤 마늘을 문질러서 바르고 올리브오일을 뿌려서 먹는다. 토마토를 위에 올린 브루스케타 알라 케카(Bruschetta Alla Checca)는 인기가 많아서 애피타이저로 많이 먹는다. 얇게 썰어서 바삭하게 구운 빵과 촉촉한 케카소스의 대비가 절묘하다. 소스를 올린 뒤에는 바로 먹어야 한다.

**재료(3장 분량)**
바게트(두께 10mm 슬라이스) 3장(각 5g)
케카소스(p.41 참조) 60g

**만드는 방법**
1 바게트는 토스터로 표면에 구운 색이 날 정도로 바삭하게 굽는다.
2 케카소스를 1/3 분량씩 올린다.

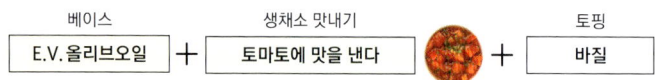

토마토 ✕ 바게트

# 판 콘 토마테

판 콘 토마테(Pan con tomate)는 스페인 카탈루냐 지방의 유명한 빵요리로, 브루스케타 알라 케카와 매우 비슷하지만 좀 더 심플하다. 구워서 단단해진 빵에 토마토를 문질러 부드럽게 만든 것에서 비롯되었다고 한다. 굵게 간 토마토를 듬뿍 올리면, 토마토와 빵의 페어링을 마음껏 즐길 수 있다. 바게트를 둥글게 자르면 공기 구멍으로 토마토의 수분과 올리브오일이 흘러내리지만, 수평으로 자르면 크러스트(껍질)가 흘러내리지 않게 막아준다. 토마토와 바게트는 같은 조합이라도 자르는 방법이나 균형의 차이로 맛이 크게 달라진다.

**재료(2장 분량)**
바게트 10cm
토마토(데쳐서 껍질 벗기고 간) 100g
마늘 1/2쪽
꿀 1작은술
소금 조금
E.V. 올리브오일 1큰술

**만드는 방법**
1 바게트는 가로로 평평하게 2등분한다. 바게트의 단면에 마늘 단면을 문질러 향을 낸다. 토스터에 넣고 표면에 구운 색이 날 정도로 바삭하게 굽는다.
2 볼에 토마토, 꿀, 소금을 넣고 섞는다.
3 **1**의 바게트에 올리브오일을 뿌리고 **2**를 1/2 분량씩 올린다.

토마토는 굵은 세라믹 강판(p.55 참조)으로 갈거나, 칼로 굵게 다진다. 살짝 데친 뒤 껍질을 벗겨서 사용하면 식감이 부드러워진다.

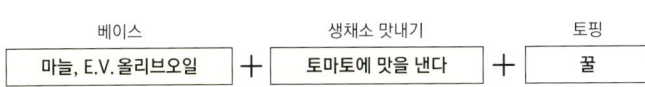

| 베이스 | 생채소 맛내기 | 토핑 |
|---|---|---|
| 마늘, E.V. 올리브오일 | + 토마토에 맛을 낸다 + | 꿀 |

03 빵에 생채소를 올린다·바른다

토마토 ✕ 통밀빵

# 방울토마토 타르틴

다양한 색의 방울토마토를 슬라이스해서 빵 위에 올리면 먹기도 좋고 비주얼도 매력적이다. 풍미가 좋은 통밀빵을 토스트하면 고소한 맛과 향이 살아나고, 허브와 마늘 향이 있는 세르벨 드 카뉘를 듬뿍 바르면 방울토마토와 빵이 입안에서 잘 어우러진다. 충분히 맛을 낸 베이스를 빵에 발라야 균형이 잘 맞는다.

### 재료(1장 분량)
통밀빵(타원형, 두께 12㎜ 슬라이스) 1장(18g)
세르벨 드 카뉘(p.43 참조) 16g
다양한 색의 방울토마토 35g
어린잎채소 조금
딜 조금
소금 조금

### 만드는 방법
1. 통밀빵은 토스터로 표면에 구운 색이 날 정도로 바삭하게 굽는다.
2. 세르벨 드 카뉘를 바르고 슬라이스한 방울토마토를 올린다.
3. 어린잎채소로 색을 더하고 딜을 올린 뒤, 방울토마토에 소금을 뿌린다.

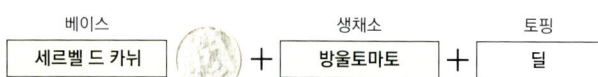

## 토마토 ✕ 바게트

# 카프레제 카나페

어떤 채소든 자르는 방법, 맛내는 방법, 조리방법 등을 바꾸면 느낌이 달라지고 섬세한 고유의 맛이 살아난다. 이것들을 조합하면 기본적인 맛에 깊이가 생기고, 각각의 채소가 지닌 고유의 맛을 제대로 즐길 수 있다. 토마토, 바질, 모차렐라치즈로 만드는 기본 카프레제에 세미드라이 토마토와 토마토로 만든 소스를 더하면, 토마토의 무한한 가능성을 느낄 수 있다.

### 재료(3장 분량)

바게트(두께 10mm 슬라이스) 3장(각 5g)
바질소스(p.40 참조) 9g
프루트토마토(두께 5mm 반달모양으로 썬)
　6조각
세미드라이 토마토 오일절임(p.25 참조)
　6조각
모차렐라치즈(두께 5mm 반달모양으로 썬) 6장
케카소스(p.41 참조) 18g
소금 조금

### 만드는 방법

1. 바게트는 토스터로 표면에 구운 색이 날 정도로 바삭하게 굽는다.
2. 바질소스를 1/3 분량씩 바르고 모차렐라치즈, 프루트토마토, 세미드라이 토마토 오일절임을 순서대로 겹친 것을 2세트씩 얹은 뒤 소금을 뿌린다.
3. 케카소스를 1/3 분량씩 올려 마무리한다.

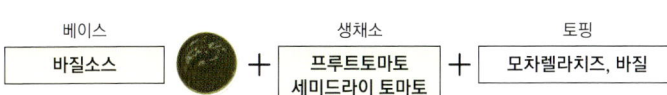

03　빵에 생채소를 올린다·바른다

## 래디시 ✕ 바게트

# 래디시＋버터 카나페

래디시에 버터를 조합하는 것은 프렌치 요리에서 흔히 사용하는 방식이다. 산뜻한 래디시에 버터를 듬뿍 더해 감칠맛을 보충하고, 래디시의 매운맛으로 뒷맛은 산뜻하게 완성한다. 먹어보면 누구나 좋아하는 맛이다. 한입크기의 카나페로 만들면 먹기도 좋고, 래디시와 버터의 페어링을 즐길 수 있다. 짠맛이 확실히 느껴지는 프랑스산 가염버터라면, 그것만으로도 고급스러운 양념이 된다.

### 재료(3장 분량)
바게트(두께 10㎜ 슬라이스) 3장(각 5g)
래디시  4~5개
가염 발효버터(프랑스산)  15g
흰 후추  조금
래디시잎  조금

### 만드는 방법
1 바게트는 토스터로 표면에 구운 색이 날 정도로 바삭하게 굽는다.
2 얇게 슬라이스한 가염 발효버터를 1/3 분량씩 올린다.
3 래디시를 슬라이서로 얇게 썰어서 **2** 위에 올린다. 래디시잎을 곁들이고, 흰 후추를 뿌려서 마무리한다.

| 베이스 | | 생채소 | | 토핑 |
|---|---|---|---|---|
| 가염 발효버터 | ＋ | 래디시 | ＋ | 흰 후추 |

다양한 색의 무 ✕ 팽 드 캉파뉴

# 컬러풀한 무 타르틴

래디시와 버터의 조합을 다양한 색의 무로 바꿔서 응용하면 심플하면서도 화려한 타르틴이 된다. 동양적인 느낌이 강한 무도 레몬으로 향을 더하면 빵과 자연스럽게 어우러진다. 래디시도 무도 아삭한 식감이 맛의 포인트. 만들어서 바로 먹는다.

**재료(2장 분량)**
팽 드 캉파뉴(두께 12㎜ 슬라이스)
   2장(각 15g)
레몬버터(p.42 참조) 16g
다양한 색의 무(홍심무, 보라무, 중국무
   등 취향에 따라, p.14 참조) 36g
레몬제스트 조금
흰 후추 조금

**만드는 방법**
1 팽 드 캉파뉴는 토스터로 표면에 구운 색이 날 정도로 바삭하게 굽는다.
2 무는 껍질을 벗기고 슬라이서를 사용해 2㎜ 두께로 썬 뒤 4 또는 8등분한다.
3 **1**에 레몬버터를 1/2 분량씩 바르고 **2**를 색깔을 맞춰 보기 좋게 올린다. 레몬제스트와 흰 후추를 뿌려 마무리한다.

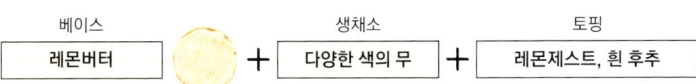

베이스: 레몬버터 + 생채소: 다양한 색의 무 + 토핑: 레몬제스트, 흰 후추

03 빵에 생채소를 올린다 · 바른다

## 엔다이브 ✕ 말린 과일 들어간 호밀빵

# 엔다이브 + 서양배 타르틴

엔다이브와 서양배가 주인공인 타르틴에서는 말린 과일이 들어간 호밀빵의 자연스러운 단맛과 신맛이 맛의 기초가 된다. 엔다이브의 쌉쌀한 맛, 서양배와 말린 과일의 단맛, 생햄과 블루치즈의 짭쪼름한 맛, 호밀의 신맛 등 개성 있는 재료들을 버터, 꿀과 함께 먹으면 입안에서 하나로 어우러지면서 타르틴의 깊은 맛을 느낄 수 있다.

### 재료(2장 분량)

말린 과일 들어간 호밀빵(타원형,
　두께 9mm 슬라이스) 2장(각 20g)
무염버터 14g
엔다이브(폭 8mm로 썬) 20g
서양배(은행잎모양으로 썬) 30g
생햄(프로슈토) 6g
블루치즈(고르곤졸라 피칸테)* 6g
꿀 8g
검은 후추 조금

### 만드는 방법

1. 말린 과일이 들어간 호밀빵은 토스터로 표면에 구운 색이 날 정도로 바삭하게 굽는다.
2. 무염버터를 1/2 분량씩 바르고 엔다이브와 서양배를 올린다. 꿀을 2g씩 뿌리고 작게 자른 생햄과 5mm로 깍둑썬 블루치즈를 올린다.
3. 꿀을 2g씩 뿌리고 검은 후추로 마무리한다.

* **고르곤졸라 피칸테**
이탈리아의 푸른곰팡이치즈. 푸른곰팡이 특유의 톡 쏘는 맛이 특징이다. 짭짜름하면서 은은한 단맛도 있다.

| 베이스 | 생채소 + 부재료 | 토핑 재료 | 토핑 양념 |
|---|---|---|---|
| 무염버터 + | 엔다이브, 서양배 + | 생햄, 블루치즈 | 꿀, 검은 후추 |

## 셀러리 ✕ 말린 과일 들어간 호밀빵

# 셀러리 + 사과 타르틴

엔다이브와 서양배의 조합을 응용해서, 셀러리와 사과를 주인공으로 만든 타르틴. 조합하는 스타일은 같아도 메인 채소와 과일, 치즈의 종류를 바꾸면 얼마든지 변화를 줄 수 있다. 개성적인 재료를 다양하게 조합하려면 각각의 재료에 대해 잘 알아야 한다. 맛의 다양한 변화를 경험해보자.

**재료(2장 분량)**
말린 과일 들어간 호밀빵(타원형,
   두께 9mm 슬라이스) 2장(각 20g)
무염버터 14g
셀러리(얇게 썬) 16g
사과(은행잎모양으로 썬) 15g
생햄(프로슈토) 6g
흰곰팡이치즈(브리)* 24g
꿀 8g
검은 후추 조금

**만드는 방법**
1 말린 과일이 들어간 호밀빵은 토스터로 표면에 구운 색이 날 정도로 바삭하게 굽는다.
2 무염버터를 1/2 분량씩 바르고 사과와 얇게 썬 흰곰팡이치즈를 올린다. 꿀을 2g씩 뿌리고 셀러리와 작게 자른 생햄을 올린다.
3 꿀을 2g씩 뿌리고 검은 후추로 마무리한다.

* **브리치즈**
카망베르의 원형이 된 프랑스의 전통적인 흰곰팡이치즈. 속은 걸쭉하고 크리미하다. 여기서는 마일드 타입을 사용한다.

| 베이스 | | 생채소 + 부재료 | | 토핑 재료 | 토핑 양념 |
|---|---|---|---|---|---|
| 무염버터 | + | 셀러리, 사과 | + | 생햄, 흰곰팡이치즈 | 꿀, 검은 후추 |

## 양송이 ✕ 팽 드 캉파뉴

# 양송이 타르틴

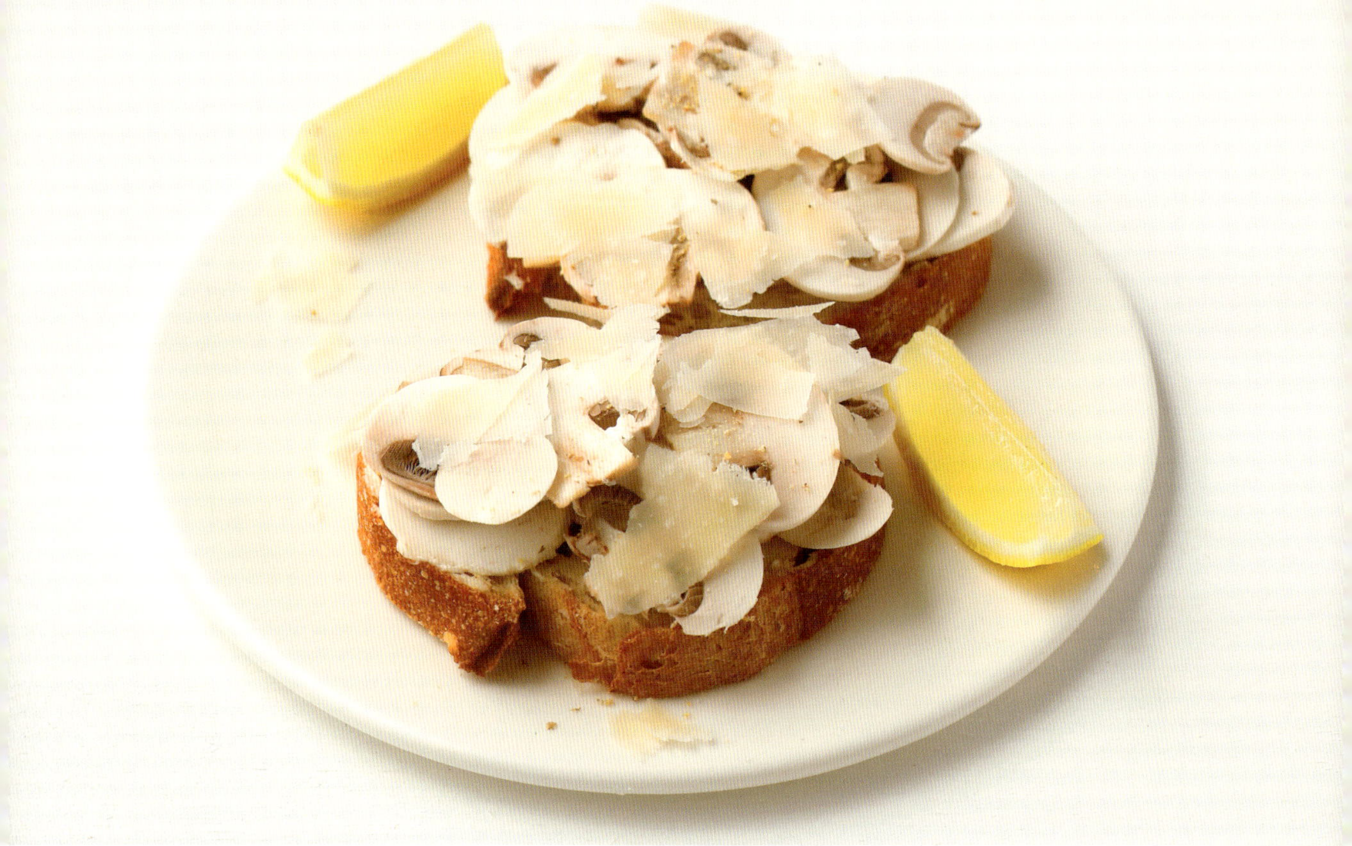

주로 조연으로 활약하던 양송이가 주인공이 되어 그 매력을 한껏 발산한 요리. 레몬과 파르미자노 레자노가 명품조연이 되어, 양송이의 개성을 빛내준다. 샌드위치를 만들 때는 색감을 위해 여러 재료를 조합하거나 다양한 소스로 강하게 맛을 내기 쉬운데, 여기서는 재료 고유의 맛을 살리는 것이 중요하다. 심플한 타르틴을 맛보면 재료가 지닌 매력을 깨닫게 된다.

**재료(2장 분량)**

팽 드 캉파뉴(두께 10mm 슬라이스)
　2장(각 14g)
레몬버터(p.42 참조) 10g
양송이(두께 1mm 얇게 썬) 30g
파르미자노 레자노*(덩어리를 필러로
　얇게 썬) 6g
소금　조금
흰 후추　조금
레몬(세로로 8등분) 2조각

**만드는 방법**

1　팽 드 캉파뉴는 토스터로 표면에 구운 색이 날 정도로 바삭하게 굽는다.
2　레몬버터를 1/2 분량씩 바르고 양송이를 올린다. 소금, 흰 후추를 뿌리고 파르미자노 레자노를 올린다.
3　레몬을 곁들여 먹기 직전에 짜서 뿌린다.

**＊ 파르미자노 레자노**
이탈리아의 경질치즈. 오랜 기간 숙성시켜 농후한 감칠맛과 풍부한 향이 특징이다. 진한 짠맛과 깊은 맛을 살려서 양념으로 사용할 수 있다.

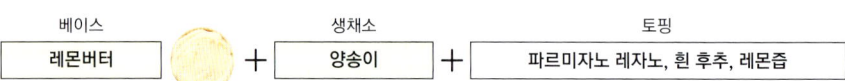

트러플 ✕ 팽 오 르뱅

# 블랙트러플 타르틴

트러플은 설명이 필요 없을 만큼 잘 알려진 고급 식재료이지만, 가격이 비싸서 제대로 맛볼 기회가 많지 않다. 또한 특유의 강한 향은 다루기 어렵고, 잘못 조합하면 고유의 맛이 사라질 수도 있다. 여기서는 트러플의 매력을 잘 모르는 사람들에게도 권하고 싶은 트러플 타르틴을 소개한다. 트러플 향이 나는 버터를 듬뿍 바르고, 얇게 썬 트러플을 푸짐하게 올렸다. 매우 심플하기 때문에 트러플이 강하게 느껴진다. 트러플의 존재감에 지지 않는 빵을 고르는 것도 중요한 포인트.

### 재료(2장 분량)

팽 오 르뱅*(타원형, 두께 9㎜ 슬라이스)
   1장(34g)
트러플버터(p.42 참조) 20g
블랙트러플(매우 얇게 썬) 20g

### 만드는 방법

1 팽 오 르뱅은 토스터로 표면에 구운 색이 날 정도로 바삭하게 굽고, 어슷하게 2등분한다.
2 트러플버터를 바르고 블랙트러플을 올린다.

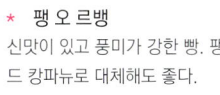

\* 팽 오 르뱅
신맛이 있고 풍미가 강한 빵. 팽 드 캉파뉴로 대체해도 좋다.

 +

## 미즈나스 ✕ 통밀빵
# 미즈나스 타르틴

수분이 많고 독특한 맛과 향이 없는 미즈나스(p.15 참조)는 은은한 단맛이 있어 생으로 먹어도 맛이 좋다. 짠맛이 강한 타프나드가 미즈나스의 담백한 맛을 보완하여 의외로 빵과 잘 어울린다. 바질과 올리브오일의 향을 더하면 살짝 이탈리안 느낌으로 완성된다.

### 재료(1장 분량)
통밀빵(타원형, 두께 12㎜ 슬라이스)
   1장(20g)
타프나드(p.40 참조) 4g
미즈나스(두께 2㎜ 둥글게 썬) 30g
바질잎 조금
E.V. 올리브오일 조금

### 만드는 방법
1. 통밀빵은 토스터로 표면에 구운 색이 날 정도로 바삭하게 굽는다.
2. 타프나드를 바르고 미즈나스를 올린다. 큰 바질잎은 채썰어서 올리고, 작은 바질잎은 그대로 올린다. 마무리로 올리브오일을 두른다.

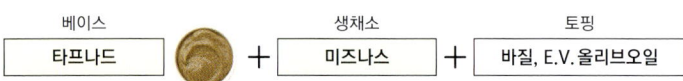

베이스: 타프나드 + 생채소: 미즈나스 + 토핑: 바질, E.V. 올리브오일

함초 ✕ 바게트

# 함초 카나페

생채소와 빵을 조합할 때는 빵에 바르는 베이스에 맛을 충분히 낼 것인지, 채소 자체에 맛을 낼 것인지 생각해야 되고, 양쪽 모두에 맛을 내는 경우에는 조합했을 때의 균형을 생각해서 조립해야 한다. 함초(p.16 참조)는 그 자체에 염분이 함유되어 있고 독특한 개성이 있기 때문에, 강하게 맛을 내는 것보다 고유의 맛을 살려서 심플하게 조립하는 것이 중요하다. 레몬, 올리브오일, 간 참깨가 균형을 이루어 산뜻하게 즐길 수 있다.

**재료(3장 분량)**
바게트(두께 10㎜ 슬라이스) 3장(각 5g)
무염버터 9g
함초 참깨 샐러드* 24g
황금깨(간) 조금

**만드는 방법**
1 바게트는 토스터로 표면에 구운 색이 날 정도로 바삭하게 굽는다.
2 무염버터를 1/3 분량씩 바르고, 함초 참깨 샐러드를 1/3 분량씩 올린다. 간 황금깨를 뿌려서 마무리한다.

**\* 함초 참깨 샐러드**
(만들기 쉬운 분량)
레몬즙 10㎖, 디종 머스터드 2g, 소금과 흰 후추를 조금씩 섞은 다음, E.V.올리브오일 20㎖와 간 황금깨(또는 간 흰참깨) 10g을 같이 섞는다. 여기에 함초(p.16 참조) 50g을 넣고 버무린다.

| 베이스 | | 생채소에 맛내기 | | 토핑 |
|---|---|---|---|---|
| 무염버터 | + | 함초에 맛을 낸다 | + | 간 황금깨 |

## 04
**생채소는 명품조연,**
# 세계의 샌드위치

## 햄이 주인공, 채소는 명품조연
# 셀러리악을 넣은 장봉뵈르
**Jambon-Céleri-rave-Beurre**
France

프랑스어로 「장봉」은 햄, 「뵈르」는 버터를 의미한다. 바게트에 버터와 햄이라는 깔끔한 조합은 샌드위치의 기본이라고 할 수 있다. 여기에 생채소를 조합하려면 바게트 못지않은 식감과 향이 있고, 수분이 많이 배어 나오지 않는 것을 선택해야 한다. 셀러리악의 아삭한 식감과 특유의 산뜻한 향은 햄과도 궁합이 잘 맞고, 레몬버터를 사용하면 셀러리악의 맛이 한층 돋보인다. 씹을수록 잘 조화된 조합을 실감할 수 있다.

고기가 주인공, 채소는 명품조연

# 로스트비프＋크레송 샌드위치
Roast Beef and Watercress Sandwich
U.K.

「샌드위치」라는 이름의 유래가 된 샌드위치 백작에게 집사가 만들어준 것은, 「얇게 썬 2장의 빵 사이에 로스트비프를 넣은 것」이었다고 한다. 프랑스의 장봉뵈르처럼 샌드위치의 기본은 「빵과 고기」의 심플한 조합이다. 여기서 소개하는 샌드위치는 어디까지나 「고기」가 주인공이지만, 크레송의 산뜻한 매운맛과 향이 로스트비프 고유의 맛을 잘 살려줘서 깔끔하고 기분 좋은 여운을 선사한다.

# 셀러리악을 넣은 장봉뵈르

미니 바게트
레몬버터
셀러리악 레물라드
수제햄
레몬버터
미니 바게트

**재료(1개 분량)**
미니 바게트 1개(110g)
레몬버터(p.42 참조) 12g
수제햄(돼지 뒷다리살) 40g
셀러리악 레물라드(p.186 참조) 30g

**만드는 방법**
1 미니 바게트는 가로로 칼집을 낸 뒤 안쪽에 레몬버터를 바른다.
2 햄과 셀러리악 레물라드를 넣는다.

- 심플한 조합이기 때문에 품질 좋은 햄을 선택해서 듬뿍 넣는 것이 중요하다.
- 레몬버터를 트러플버터로, 셀러리악을 트러플 슬라이스로 바꿔서 응용해도 좋다. 최고급 트러플이 들어간 장봉뵈르는 매우 고급스러운 맛이다.

# 로스트비프＋크레송 샌드위치

통밀식빵
호스래디시 사워크림
크레송
로스트비프 ＋ 그레이비소스
호스래디시 사워크림
통밀식빵

**재료(1개 분량)**
통밀식빵(두께 12㎜) 2장
호스래디시 사워크림(p.43 참조) 14g
로스트비프* 100g
크레송 10g
그레이비소스 18g
소금 조금
흰 후추 조금

\* 로스트비프는 먼저 소금, 흰 후추을 뿌려 살짝 밑간을 한 뒤, 그레이비소스를 뿌려 맛을 내고 빵 사이에 넣는다. 시판 로스트비프를 사용할 때는 제품에 동봉된 그레이비소스(로스트비프용 소스)를 뿌린다.

**만드는 방법**
1. 통밀식빵 2장은 살짝 구운 색이 날 정도로 토스트한다. 통밀식빵 한쪽 면에 호스래디시 사워크림을 각각 1/2 분량씩 바른다.
2. 로스트비프를 트레이에 펼쳐놓고 소금, 흰 후추, 그레이비소스를 뿌린다.
3. **1**에 **2**와 크레송을 순서대로 올리고 남은 통밀식빵을 덮는다. 손바닥으로 전체를 살짝 눌러 속재료와 빵이 잘 어우러지게 한다. 위아래쪽 식빵 가장자리만 잘라내고 4등분한다. 흰 후추를 뿌려 마무리한다.

- 샌드위치 백작이 먹은 것을 「콜드비프 샌드위치」라고도 한다. 콜드비프는 말 그대로 차가운 로스트비프로, 샌드위치를 만들기 위해 로스트비프를 구운 것이 아니라, 남은 로스트비프를 빵 사이에 넣었기 때문이다.

04 생채소는 명품조연, **세계의 샌드위치**

달걀이 주인공, 채소는 명품조연

# 아보카도 달걀샐러드 베이글 샌드위치
**Avocado Egg Salad Bagel Sandwich**
**U.S.A.**

베이글은 뉴요커가 사랑하는 대표적인 빵이다. 그런 베이글로 만든 샌드위치는 웰빙 음식으로 인기가 많으며, 보통 크림치즈를 듬뿍 발라서 먹는다. 크림치즈는 쫀득한 베이글과 잘 어울린다. 크림치즈 외에도 자유롭게 조합할 수 있지만, 크림치즈처럼 페이스트 상태인 재료를 베이스로 하면 다른 재료를 조합하기 좋다. 달걀샐러드에 아보카도를 넣으면 맛은 진해지고 식감은 더 부드러워지는데, 여기에 루콜라와 브로콜리 새싹으로 산뜻한 매운맛을 더해, 세련된 맛의 베이글 샌드위치를 완성하였다. 베이글은 풍미가 풍부한 「에브리싱」이 잘 어울린다.

치즈가 주인공, 채소는 명품조연

# 셀러리 + 참치, 멜트 샌드위치

Tuna Melt with Celery
U.S.A.

이름에서 멜트는 걸쭉하게 녹은 치즈를 의미한다. 미국에서 스테디셀러인 참치와 치즈로 만든 핫샌드위치는 주인공이 참치와 치즈인 만큼 맛은 틀림없지만, 포만감이 있어 무겁게 느껴질 수 있다. 여기서는 셀러리를 추가해 특유의 청량감과 아삭한 식감이 악센트가 되고, 뒷맛도 산뜻하다. 겨우 한 가지 채소를 더했을 뿐인데 맛에 포인트가 생기니, 말 그대로 명품조연이다.

# 아보카도 달걀샐러드 베이글 샌드위치

베이글
검은 후추 크림치즈
베이글

브로콜리 새싹
루콜라
아보카도 달걀샐러드

### 재료(1개 분량)
베이글(에브리싱) 1개(110g)
아보카도 달걀샐러드* 50g
검은 후추 크림치즈(p.42 참조) 30g
루콜라 5g
브로콜리 새싹 15g

**\* 아보카도 달걀샐러드(만들기 쉬운 분량)**
으깬 아보카도 1개(140g)에 레몬즙 1작은술을 뿌리고, 굵게 다진 삶은 달걀 1개, 마요네즈 15g을 넣어 골고루 섞는다. 소금, 흰 후추를 조금씩 넣어 간을 조절한다.

### 만드는 방법
1 베이글은 가로로 2등분해 살짝 토스트한다.
2 아래쪽 베이글의 단면에 아보카도 달걀샐러드, 루콜라, 브로콜리 새싹을 순서대로 올린다.
3 위쪽 베이글의 단면에 검은 후추 크림치즈를 바른 뒤 **2** 위에 덮는다.

• 에브리싱 베이글은 모든 종류의 베이글 토핑을 올렸다는 의미로, 플레인 베이글에 참깨, 마늘, 양파, 잡곡, 소금 등을 토핑한 것이다. 그대로도 짠맛이 나기 때문에 심플한 샌드위치에 사용해도 맛을 잘 살려준다.

# 셀러리 + 참치, 멜트 샌드위치

통밀식빵
체다치즈
셀러리
참치샐러드
통밀식빵

### 재료(1개 분량)
통밀식빵(두께 12mm) 2장
참치샐러드(p.50 참조) 50g
셀러리(두께 2mm 얇게 썬) 25g
체다치즈(슬라이스)* 50g
무염버터 16g
검은 후추 조금
오이딜피클(생략 가능) 2개

### 만드는 방법
1 통밀식빵 1장에 참치샐러드를 올리고 검은 후추를 뿌린다. 셀러리, 체다치즈를 순서대로 올린 뒤 남은 통밀식빵을 덮는다.
2 1의 윗면에 무염버터 1/2 분량을 바르고, 버터를 바른 면이 아래로 가도록 200℃로 예열한 파니니 그릴러에 넣는다. 윗면에 나머지 무염버터를 바른 뒤 그릴러를 눌러 체다치즈가 녹을 때까지 굽는다.
3 반으로 잘라 접시에 담고 오이딜피클을 곁들인다.
• 프라이팬에 구울 때는 무염버터를 바른 면이 아래로 가도록 올려서 구운 색이 날 때까지 굽는다. 뒤집기 직전 윗면에 나머지 무염버터를 발라 양면을 굽는다.

★ **체다치즈**
영국에서 시작된 하드타입 치즈이지만 지금은 전 세계에서 생산되며, 여러 가지 치즈 중 가장 생산량이 많다. 여기서는 레드 체다를 사용했지만 화이트 체다도 관계없다.

## 고기가 주인공, 채소는 명품조연
# 소불고기 반미
**Bánh Mì Thịt Bò Nướng**
Vietnam

원래 쌀이 주식인 베트남에서 지금은 국민음식이라고 할 정도로 사랑받는 이 샌드위치는, 베트남 고유의 양념과 껍질이 얇고 식감이 가벼운 빵으로 만든다. 베트남어로 「반미 팃 보 느엉」이라고 부르는데 반미는 빵, 팃은 고기를 의미한다. 「빵과 고기」를 메인으로 식초에 절인 채소를 조합하는 것이 기본이며, 베트남 요리에 널리 쓰이는 쌀가루를 블렌딩한 빵으로 만들기도 한다. 신맛이 강한 피클과 고기 요리의 조합은 유럽과 미국에서도 자주 볼 수 있는데, 맛의 대비가 강하다. 특정한 맛이 튀지 않고 새콤달콤한 맛과 매콤달콤한 맛이 복잡하게 얽히면서 조화를 이루는 것이 반미만의 매력이다.

고기가 주인공, 채소는 명품조연

# 소고기 스테이크 타코

**Tacos de Bistec**
**Mexico**

「빵과 고기」는 전 세계적으로 샌드위치의 기본이라 할 수 있는 조합인데, 사용하는 빵과 고기의 조리방법이나 양념에 그 나라만의 개성이 표현된다. 멕시코에서는 살짝 구운 토르티야에 매콤한 고기, 그리고 살사를 조합한다. 이 책에서는 구하기 쉬운 플라워(밀가루) 토르티야를 사용하였지만, 원래는 옥수수가루로 만드는 콘 토르티야가 기본이다. 프랑스의 장봉뵈르가 베트남에서 반미로 변화된 것처럼, 멕시코에서「빵과 고기」를 조합하면 메인 재료는 같아도 전혀 다른 요리가 된다. 이렇게 음식문화의 배경을 비교하면서 먹으면, 빵과 식재료 조합의 무한한 가능성을 실감할 수 있다. 기본 재료와 심플한 조리방법 속에 샌드위치를 만드는 데 필요한 힌트가 담겨 있다.

# 소불고기 반미

고수
오이
스위트칠리소스
베트남식 소불고기
연유마요소스
소프트 바게트

소프트 바게트
당근과 무 초절임
연유마요소스

**재료(1개 분량)**
소프트 바게트(반미, p.53 참조) 1개
연유마요소스(p.39 참조) 8g
베트남식 소불고기* 70g
당근과 무 초절임(p.27 참조) 25g
오이(두께 2mm 세로 슬라이스) 1개
고수(듬성듬성 썬) 4g
스위트 칠리소스 12g

***베트남식 소불고기(만들기 쉬운 분량)**
구이용 설도 140g에 소금, 흰 후추를 조금씩 뿌리고 남플라 1큰술, 레드와인 1큰술, 다진 레몬그라스 1작은술을 섞어서 재운다. 1시간 정도 냉장보관한 뒤 프라이팬에 굽는다.

**만드는 방법**
1 소프트 바게트는 가로로 칼집을 내고 안쪽에 연유마요소스를 바른다.
2 베트남식 소불고기를 사이에 넣고 스위트 칠리소스를 뿌린다. 오이, 당근과 무 초절임을 순서대로 넣고 마지막에 고수를 넣는다.

- 베트남, 타이, 중국, 타이완 등 많은 아시아 국가에서 단맛을 더한 마요네즈를 선호한다. 반미에는 이런 새콤달콤한 맛이 잘 어울리며, 연유마요소스(p.39 참조)를 사용하면 현지의 맛에 가까워진다.

# 소고기 스테이크 타코

플라워 토르티야
살사 멕시카나
아보카도페이스트
맥시코식 소고기 스테이크

## 재료(1개 분량)

플라워 토르티야 3장
멕시코식 소고기 스테이크*1
　1장(400g)
살사 멕시카나*2 적당량
아보카도페이스트*3 적당량

**\*1 멕시코식 소고기 스테이크(만들기 쉬운 분량)**
스테이크용 소고기 등심 400g에 소금 8g, 굵게 간 검은 후추 1/3작은술, 카옌페퍼 1/4작은술, 파프리카 파우더 1/3작은술, 말린 오레가노 1/3작은술을 섞어 골고루 묻힌 뒤, 전체적으로 E.V.올리브오일 2큰술을 바르고 그릴에서 노릇하게 굽는다.

**\*2 살사 멕시카나(만들기 쉬운 분량)**
토마토 200g은 5㎜ 크기로 깍둑썰고, 적양파 50g, 피망 30g, 풋고추 30g, 고수 8g, 마늘 5g은 다져서 볼에 담는다. 소금 5g을 넣고 섞는다.

**\*3 아보카도페이스트(만들기 쉬운 분량)**
아보카도 150g을 굵게 으깨고, 라임즙 1큰술과 소금 1g을 넣어 섞는다.

## 만드는 방법

1  플라워 토르티야는 프라이팬에 양면을 살짝 구워서 따뜻하게 데운다.
2  멕시코식 소고기 스테이크는 채썬다.
3  1의 구운 토르티야에 2, 아보카도페이스트, 살사 멕시카나를 순서대로 올린다.

향신료를 듬뿍 넣어 맛을 낸 소고기를 그릴을 사용해 직화로 구우면, 놀라운 맛을 느낄 수 있다.

## 생선이 주인공, 채소는 명품조연
# 고등어 샌드위치
**Balık Ekmek**
**Turkey**

터키에서는 「발릭 에크멕」이라고 부른다. 발릭은 생선, 에크멕은 빵을 의미한다. 「빵과 고기」에 대해 여러 번 이야기했지만, 터키 이스탄불의 명물 샌드위치는 고기가 아니라 「빵과 생선」의 조합이다. 구운 고등어를 빵 사이에 넣고 양상추, 양파, 토마토 등의 생채소와 조합한다. 양념은 소금과 레몬으로 심플하다. 빵은 바게트와 비슷하지만 베트남의 반미처럼 가벼운 종류를 사용한다. 그야말로 재료 그 자체의 맛을 즐기지만, 그렇기 때문에 누구나 맛있게 먹을 수 있다.

##### 고기가 주인공, 채소는 명품조연

# 돈가스 샌드위치 2종류

かつサンド
**Japan**

「돈가스」는 일본에서 시작된 음식으로 메이지 시대에 보급된 서양의 음식문화에서 탄생했다. 그 돈가스를 빵 사이에 넣은 「돈가스 샌드위치」는 일본을 대표하는 샌드위치라고도 할 수 있다. 튀김옷을 입혀 촉촉하게 튀긴 돈가스 자체의 맛뿐 아니라, 빵에 넣을 때는 소스가 맛의 중요한 요소가 된다. 밥과 함께 먹을 때의 소스와 빵에 조합할 때의 소스는, 맛의 균형과 방향성이 미묘하게 달라서 실제로 먹어보고 비교하는 것이 좋다. 기존의 돈가스소스를 베이스로 케첩이나 꿀을 첨가해 조금 달게 만들면 식빵과 잘 어울린다. 여기서는 생채소를 이용한 응용버전을 소개한다. 참깨오로시폰즈는 무더운 계절에 어울리는 소스이다. 무를 굵게 갈고 간 참깨를 더해 수분을 흡수시키면 빵과 조합하기 좋다. 양파드레싱의 신맛과 파르메산치즈의 깊은 맛을 더한 소스는 양식에 가까운 맛이다. 양배추채와 조합한 바질의 향도 신선하다.

# 고등어 샌드위치

소프트 바게트
마요네즈
적양파
반건조 고등어
로메인
마요네즈
소프트 바게트

**재료(1개 분량)**
소프트 바게트(반미, p.53 참조) 1개
마요네즈 8g
반건조 고등어* 100g
로메인 10g
적양파(얇게 썬) 10g
레몬(세로 8등분) 1조각

**\* 반건조 고등어**
한국이나 일본에서 많이 먹는 반건조 생선으로, 소금으로 간을 한 뒤 말린 것이다. 집에서 직접 생고등어를 말릴 경우 3장뜨기를 한 뒤 10% 소금물에 1시간 정도 담갔다가 서늘하고 건조한 그늘에서 반나절 정도 말린다.

**만드는 방법**
1 소프트 바게트는 가로로 칼집을 내고 안쪽에 마요네즈를 바른다.
2 반건조 고등어는 그릴에서 노릇하게 굽는다.
3 1에 로메인, 2, 적양파를 순서대로 끼운다.
4 레몬을 곁들여 먹기 직전에 고등어 위에 짠다

# 돈가스 샌드위치 2종류

- 사각식빵
- 무염버터
- 버터헤드레터스
- 참깨오로시폰즈
- 등심돈가스
- 무염버터
- 사각식빵

- 통밀식빵
- 무염버터
- 채썬 양배추와 바질
- 파르메산소스
- 등심돈가스
- 파르메산소스
- 무염버터
- 통밀식빵

## 재료(각 1개 분량)

**오로시 돈가스 샌드위치**

사각식빵(두께 15㎜) 2장
무염버터  10g
등심돈가스  1장(130g)
버터헤드레터스  5g
참깨오로시폰즈*1  50g

**파르메산소스 돈가스 샌드위치**

통밀식빵(두께 15㎜) 2장
무염버터  10g
등심돈가스  1장(130g)
양배추(채썬)  25g
바질(채썬)  3g
파르메산소스*2  30g

*1 **참깨오로시폰즈**(만들기 쉬운 분량)
무를 갈아서 체에 올려 물기를 제거한 뒤, 100g을 덜어서 폰즈 25g, 간 참깨 20g을 섞는다.

*2 **파르메산소스**(만들기 쉬운 분량)
돈가스소스 50g, 양파드레싱(p.41 참조) 20g, 파르메산치즈 파우더 10g을 섞는다.

## 만드는 방법

1. 「오로시 돈가스 샌드위치」를 만든다. 사각식빵 2장의 한쪽 면에 무염버터를 각각 1/2 분량씩 바르고, 빵 사이에 등심돈가스, 참깨오로시폰즈, 버터헤드레터스를 순서대로 넣는다. 식빵 가장자리를 자르고 3등분한다.

2. 「파르메산소스 돈가스 샌드위치」를 만든다. 통밀식빵은 살짝 구운 색이 날 정도로 토스트한다. 통밀식빵 2장의 한쪽 면에 무염버터를 각각 1/2 분량씩 바른다. 등심돈가스 양면에 파르메산소스를 1/2 분량씩 발라서 통밀식빵 위에 올린다. 양배추와 바질을 섞어서 올리고 남은 통밀식빵을 그 위에 덮는다. 손바닥으로 전체를 살짝 눌러 속재료와 빵이 잘 어우러지게 한다. 식빵 가장자리를 자르고 2등분한다.

- 참깨오로시폰즈(오른쪽)의 무는 대나무 또는 세라믹 재질의 굵은 강판(p.55 참조)에 갈면 무의 식감을 살릴 수 있다. 파르메산소스(왼쪽)는 양파드레싱으로 신맛을 더하고, 파르메산치즈로 향과 깊은 맛을 더하는 동시에 걸쭉하게 만들어 빵에 조합한다.

## 05
**빵에 어울리는**
# 세계의
# 생채소 요리

# Italy
## 판차넬라 Panzanella

### 재료(2~3인분)
바게트 1/4개
다양한 색의 방울토마토 10개
　(또는 토마토 1개)
오이 100g(1개)
셀러리 120g(1줄기)
적양파 1/4개
라디치오(또는 양상추나 루콜라) 1/2개
생햄(프로슈토) 2장
바질잎 5~8장
화이트와인 비네거 1.5큰술
꿀 2작은술
소금 1/3작은술
흰 후추 조금 / E.V.올리브오일 3큰술

### 만드는 방법

1 바게트는 3등분한다. 볼에 물을 넉넉히 붓고 바게트를 넣어 수분을 충분히 흡수시킨 뒤 손으로 꽉 짠다. 먹기 좋은 크기로 찢어놓는다.

2 오이는 세로로 2등분해 씨를 제거하고 6mm 두께로 어슷하게 썬다(p.23 참조). 셀러리와 적양파는 얇게 썬다. 라디치오는 먹기 좋은 크기로 자른다.

3 방울토마토는 2등분해서 볼에 담는다. 화이트와인 비네거, 꿀, 소금, 흰 후추를 넣고 살짝 버무린 뒤 올리브오일을 넣는다.

4 3에 1을 넣고 버무린 뒤 2와 한입크기로 썬 생햄과 작게 자른 바질잎을 넣는다. 접시에 담고 취향에 따라 올리브오일을 조금(분량 외) 뿌린다.

• 드레싱을 따로 만들지 않아도, 볼 안에 드레싱 재료를 함께 넣고 버무리면 맛이 잘 어우러진다. 채소의 조합은 취향에 맞게 응용한다.

이탈리아 토스카나 지방에서 먹는 빵 샐러드인 판차넬라는 빵을 물에 적셔서 만든다. 레시피만 보면 이상해 보일 수도 있는데, 오래되어 딱딱해진 빵을 버리지 않고 맛있게 먹기 위한 생활의 지혜이기도 하다. 수분을 머금은 빵은 목넘김이 좋으며, 먹어보면 누구나 좋아하는 맛이다. 여기서는 채소를 많이 넣었지만 원래는 토마토와 오이, 양파가 기본이다. 채소의 양과 종류를 줄이고 빵을 많이 넣으면 소박한 이탈리아 가정식에 가까워진다.

딱딱해진 바게트가 수분을 흡수하면서 채소나 드레싱과 잘 어우러져 먹기 편하다. 채소와 함께 차갑게 식히면 더 맛있고, 더운 계절에 어울리는 메뉴가 된다.

# Italy
# 바냐 카우다 Bagna càuda

**재료(만들기 쉬운 분량)**

마늘 30g
안초비 30g
생크림(유지방 42%) 80㎖
우유 적당량
E.V. 올리브오일 120㎖
좋아하는 채소(엔다이브, 파프리카, 당근, 오이, 방울토마토, 래디시, 라디치오 등) 적당량
좋아하는 빵(바게트, 포카치아 등) 적당량

**만드는 방법**

1. 마늘은 껍질을 벗기고 반으로 잘라 심을 제거한다. 작은 냄비에 담고 마늘이 잠길 정도로 우유와 물을 같은 비율로 부어, 마늘이 부드러워질 때까지 약불에서 20분 동안 끓인다. 체에 올려 물기를 뺀다.
2. 1과 안초비를 작은 냄비에 넣고 올리브오일을 넣은 뒤, 약불에서 5분 동안 끓인다. 핸드블렌더로 부드럽게 간다.
3. 생크림을 넣고 부드럽게 유화될 때까지 거품기로 저으면서 데운다. 좋아하는 채소와 빵을 곁들인다. 바냐 카우다 포트가 있으면 촛불로 데우면서 먹는다.

- 마늘에 우유와 물을 넣고 푹 끓이면 냄새가 없어지고 맛이 부드러워진다.
- 미리 만들어둘 경우에는 생크림을 넣기 전(만드는 방법 2) 상태로 1달 정도 보관할 수 있다. 밀폐용 유리병에 담아 냉장보관하고, 먹기 직전에 생크림을 넣는다.

북이탈리아 토리노에서 시작된 겨울음식이다. 「바냐」는 소스, 「카우다」는 뜨겁다는 뜻의 사투리이다. 한국이나 일본에서는 익힌 채소와 생채소를 모두 맛있게 먹을 수 있는 메뉴로 인기가 많은데, 본고장 스타일은 뜨거운 소스에 익힌 채소를 곁들이는 것이다. 마늘과 안초비의 맛을 잘 살린 소스는 채소는 물론 빵과도 잘 어울리는 맛. 바냐 카우다 포트에 소스가 남았다면 달걀을 넣어, 걸쭉해진 소스를 빵에 발라서 먹어보자.

# Greece
## 호리아티키 살라타 χωριάτικη σαλάτα

### 재료(2~3인분)
토마토 300g(2개)
오이 100g(1개)
적양파 50g(1/4개)
피망 40g(1개)
페타치즈* 150g
블랙올리브 소금절임 10알
화이트와인 비네거 20㎖
오레가노(말린) 1/2작은술
소금 1/4작은술
E.V. 올리브오일 40㎖

### 만드는 방법

1 토마토는 한입크기로 썬다. 오이는 세로 줄무늬가 생기게 껍질을 필러로 중간중간 벗기고, 7mm 두께로 둥글게 썬다. 적양파는 슬라이서로 얇게 썬다. 피망은 세로로 2등분해 씨를 제거하고 3mm 두께로 썬다.

2 화이트와인 비네거, 오레가노, 소금을 볼에 넣고 거품기로 저어 소금을 녹인다. 올리브오일을 넣어 섞은 뒤 한입크기로 자른 페타치즈와 블랙올리브 소금절임을 넣어 골고루 섞는다.

3 2와 1을 살짝 섞어서 그릇에 담는다.

- 기본적으로 사용하는 채소는 판차넬라(p.182 참조)와 같지만, 곁들이는 치즈나 허브가 다르면 맛이 크게 달라진다. 직접 먹어보고 맛을 비교해보자.
- 한입크기로 썬 페타치즈와 블랙올리브에 양념을 넣어 마리네이드한 뒤 냉장보관하면, 먹고 싶을 때 손쉽게 만들 수 있다. 냉장보관할 때는 올리브오일을 넉넉히 넣어 페타치즈와 블랙올리브가 잠기게 한다. 블랙올리브 대신 올리브 마리네이드(p.36 참조)를 사용해도 좋다.

\* 페타치즈
그리스를 대표하는 치즈로 양이나 염소 젖으로 만든 프레시 치즈이다. 강한 짠맛과 산뜻한 신맛이 특징으로 샐러드에 잘 어울린다.

그리스의 시골에서 많이 먹는 샐러드로, 채소는 토마토, 오이, 양파, 피망이 기본이다. 여기에 빼놓을 수 없는 것이 양 또는 염소 젖으로 만든 그리스의 전통 프레시 치즈 페타(feta)와 올리브. 익숙한 채소들의 심플한 조합이지만, 페타의 짭조름한 맛과 올리브의 향이 악센트가 되어 이국적인 맛을 즐길 수 있다.

# Greece
## 차지키 Tzatziki

### 재료(2~3인분)
플레인 요거트(수분 제거해 1/2 분량으로 줄인) 150g
오이(갈아서 물기를 뺀) 100g
마늘(간) 2g
딜잎 적당량
소금 1/2작은술
E.V.올리브오일 조금
바게트(슬라이스) 적당량

### 만드는 방법
1 오이는 세라믹 강판에 간다. 체에 올려 물기를 살짝 뺀 뒤 계량한다.
2 1과 플레인 요거트, 마늘, 딜잎, 소금을 섞어 그릇에 담는다. 마무리로 올리브 오일을 두르고 얇게 슬라이스한 바게트를 곁들인다.

키친타월을 깐 체를 볼 위에 겹쳐놓고, 그 위에 플레인 요거트를 부어서 수분을 제거한다. 비닐랩을 씌워 냉장고에 하룻밤 두면 양이 1/2로 줄어든다.

굵은 세라믹 강판(p.55 참조)으로 오이를 갈면 굵게 갈려서 물이 많이 생기지 않는다. 큰 오이는 세로로 잘라 씨를 제거한 뒤 사용해도 좋다.

그리스의 식탁에서 요거트는 빼놓을 수 없는 음식이다. 한국이나 일본에서도 인기가 많은 그릭 요거트는 수분과 유청을 제거해서 만드는데, 진하고 크리미한 식감을 살려 요리에도 널리 사용한다. 「차지키」는 이 그릭 요거트를 사용한 대표적인 메뉴로, 그리스의 전통적인 애피타이저이다. 요거트와 오이로 만든 딥소스 차지키는 빵에 발라서 먹을 뿐 아니라 생선, 고기 요리의 소스로도 즐길 수 있다. 여기서는 딜을 넣었지만 민트도 잘 어울린다.

# France
## 크뤼디테 Crudités

비트라페, 생크림에 버무린 양송이, 셀러리악 레물라드

크뤼디테는 여러 가지 생채소로 만드는 애피타이저이다. 여러 채소를 각각 비네그레트소스(드레싱)나 마요네즈로 버무린 심플한 요리로, 당근라페(p.35 참조)도 크뤼디테의 일종이다. 여러 가지 채소를 함께 조합해야 하므로 비네그레트소스, 마요네즈, 크림 등 채소마다 다른 소스로 맛을 내는 것이 좋다. 허브나 레몬껍질 등으로 향의 악센트를 더해도 좋다. 심플하지만 채소마다 다른 개성을 즐길 수 있다.

### 재료(만들기 쉬운 분량)

**비트라페**
비트(노란색, 채썬) 160g
레몬즙 2작은술
레몬제스트 1/4개 분량
소금 1/8작은술
흰 후추 조금 / E.V. 올리브오일 2큰술

**생크림에 버무린 양송이**
양송이(두께 2mm 얇게 썬) 150g
이탈리안 파슬리(다진) 2작은술
생크림 2큰술 / 레몬즙 1큰술
소금 1/8작은술 / 흰 후추 조금

**셀러리악 레물라드**
셀러리악(채썬, p.32 참조) 200g
이탈리안 파슬리(다진) 2작은술
마요네즈 50g / 디종 머스터드 10g
레몬즙 2작은술

### 만드는 방법

**비트라페**
비트에 소금, 흰 후추, 레몬즙을 뿌려 전체를 잘 버무린 뒤, 올리브오일과 레몬제스트를 넣어 섞는다. 간이 부족하면 소금, 흰 후추를 조금씩(분량 외) 더 넣는다.

**생크림에 버무린 양송이**
양송이에 레몬즙, 소금, 흰 후추를 뿌려 전체를 살짝 섞은 뒤, 생크림과 이탈리안 파슬리를 넣어 버무린다. 간이 부족하면 소금, 흰 후추를 조금씩(분량 외) 더 넣는다.

**셀러리악 레물라드**
셀러리악에 레몬즙을 뿌려 섞는다. 다른 볼에 이탈리안 파슬리, 마요네즈, 디종 머스터드를 넣고 섞은 뒤, 레몬즙을 뿌린 셀러리악을 넣어 버무린다. 간이 부족하면 소금, 흰 후추를 조금씩(분량 외) 더 넣는다.

- 통조림 비트를 사용할 때는 1cm 크기로 깍둑썰어서 버무려도 좋다.
- 생크림은 오이와도 잘 어울린다. 오이를 버무릴 때는 이탈리안 파슬리 대신 딜이나 민트를 조합한다.
- 셀러리악에는 디종 머스터드를 넣은 마요네즈를 조합하는 것이 기본이다.
- 이 3가지에 당근라페(p.35 참조)나 차지키(p.185 참조)를 함께 구성해도 좋다.

# France
# 타불레 Taboulé

### 재료(2~3인분)
쿠스쿠스 100g
오이 100g(1개)
토마토 100g(큰 것 1/2개)
적양파 100g(1/2개)
이탈리안 파슬리 8g
민트잎 2g
레몬즙 40㎖
꿀 1작은술
소금 2/3작은술
흰 후추 조금
E.V. 올리브오일 40㎖
어린잎채소(생략 가능) 적당량

### 만드는 방법
1 쿠스쿠스를 볼에 담고 뜨거운 물 1/2컵을 부은 뒤, 비닐랩을 씌워 5분 정도 불린다.
2 오이, 토마토, 적양파는 5mm 크기로 깍둑썬다.
3 이탈리안 파슬리와 민트잎을 다진다.
4 레몬즙, 꿀, 소금, 흰 후추를 거품기로 섞는다. 소금이 녹으면 올리브오일을 넣고 섞는다.
5 1과 4를 섞은 뒤 2와 3을 넣고 다시 섞는다. 간이 부족하면 소금, 흰 후추를 조금씩(분량 외) 더 넣는다. 냉장고에 넣고 2시간 정도 차갑게 식혀서 맛이 배어들게 한다.
6 접시에 담고 어린잎채소를 곁들인다.

- 레바논에서는 타불레를 만들 때 쿠스쿠스가 아닌 불구르(Bulgur)라고 하는 데친 밀을 말려서 빻은 것을 사용하고, 파슬리를 놀랄만큼 듬뿍 넣는다.

타불레는 좁쌀모양의 작은 파스타「쿠스쿠스」로 만든 샐러드이다. 레바논에서 시작된 음식이지만 지금은 프랑스의 국민음식이라 할 정도로 사랑받고 있으며, 음식점이나 슈퍼마켓에서도 흔히 볼 수 있다. 채소를 잘게 다져 쿠스쿠스와 버무리면 먹기 좋고, 허브를 듬뿍 넣으면 뒷맛도 산뜻하다. 평소에 자주 먹던 채소들의 조합도, 자르는 방법을 바꾸고 쿠스쿠스를 섞으면 새롭게 느껴진다.

05 빵에 어울리는 **세계의 생채소 요리**

# U.S.A.
# 시저샐러드 Caesar Salad

### 재료(2~3인분)
로메인 1/2포기
크루통*1 바게트 1/4개 분량
수란*2 1개
시저샐러드 드레싱(p.43 참조) 적당량
파르미자노 레자노(간) 적당량

**\*1 크루통**
바게트 1/4개는 한입크기로 썰고 마늘을 잘라 단면을 문질러서 향을 더한다. E.V. 올리브오일 1큰술을 넣고 버무린 뒤 트레이에 펼쳐놓고, 160℃로 예열한 오븐에서 노릇해질 때까지 10~12분 정도 굽는다.

**\*2 수란**
작은 볼에 달걀 1개를 깨서 넣는다. 작은 냄비에 물을 끓이고 식초를 넣는다. 분량은 물 3컵에 식초 2큰술이 기준. 끓으면 긴 젓가락으로 냄비 안쪽을 한방향으로 빙글빙글 저어 회오리를 만든 뒤, 가운데에 재빨리 달걀을 넣는다. 2분 30초 동안 익혀서 흰자가 익으면 체로 건져 얼음물에 넣는다.

### 만드는 방법
1 로메인은 포기에서 잎을 떼어내 씻고 물기를 제거한다.
2 접시에 **1**과 크루통을 담고 가운데에 수란을 올린다. 시저샐러드 드레싱과 파르미자노 레자노를 갈아서 뿌린다. 수란을 터뜨려 섞어서 먹는다.

- 크루통의 양은 취향에 따라 결정한다. 로메인이 주인공일 경우에는 적게 넣는데, 크루통을 넉넉하게 넣으면 포만감이 있어 샌드위치 느낌으로 즐길 수 있다.
- 파르메산치즈 파우더를 사용하면 간편하지만, 좀 더 본격적인 맛을 추구한다면 이탈리아산 파르미자노 레자노의 덩어리를 갈아서 사용하는 것이 좋다. 풍부한 향과 깊은 맛으로, 한 단계 업그레이드된 맛을 느낄 수 있다.

1924년 멕시코 티후아나의 레스토랑에서 처음 만든 샐러드로, 로메인과 크루통이 주인공이다. 멕시코에서 처음 만들었지만 티후아나는 미국과의 국경 근처에 위치해 미국에서 인기를 모았다. 바삭하게 구운 크루통의 식감과 고소한 향, 듬뿍 넣은 파르미자노 레자노의 깊은 맛과 감칠맛으로 로메인의 싱싱함이 잘 살아난다. 드레싱 재료를 즉석에서 섞은 뒤 로메인과 버무리는 것이 본고장 스타일로, 만드는 과정을 눈앞에서 직접 보는 즐거움이 있다. 심플해서 더 널리 알려진 전설적인 샐러드.

# U.S.A.
## 찹샐러드 Chopped Salad

**재료(2~3인분)**

스파이시 그릴드 치킨(p.48 참조)  180g
셀러리  120g(1줄기)
사과  100g(1/2개)
로메인  100g(1/3포기)
당근  50g(1/2개)
호두(구운)  30g
건포도  30g
양파드레싱(p.41 참조)  100g
미몰레트(필러로 얇게 깎은)*  적당량

**만드는 방법**

1  스파이시 그릴드 치킨은 10mm 크기로 깍둑썬다. 셀러리, 사과, 당근은 8mm 크기로 깍둑썰고, 로메인도 8mm 크기로 네모나게 썬다.
2  1과 굵게 다진 호두, 건포도를 볼에 담고 양파드레싱을 넣어 골고루 버무린다.
3  접시에 담고 미몰레트를 뿌린다.

• 채소는 원하는 종류를 사용한다. 잡곡이나 콩 종류를 조합하면 볼륨감이 생긴다.

\*  미몰레트
프랑스의 하드타입 치즈로 밝은 오렌지색의 단면이 인상적이다. 숙성이 덜 된 것은 부드럽고 순한 맛이다. 숙성이 진행되면 수분이 날아가, 단단해지고 맛이 응축된다.

뉴욕에서 인기 있는 찹샐러드는 이름처럼 재료를 잘게 썬 것이 특징이다. 사용하는 재료는 일정하지 않으며, 샐러드 전문점에서는 원하는 재료를 선택해 주문할 수 있다. 재료와 드레싱을 선택하면 눈앞에서 잘게 썰어 드레싱에 버무려준다. 잘게 썰어서 맛이 잘 어우러지는 데다, 스푼 하나만 있으면 편하게 먹을 수 있는 것도 인기의 비결이다. 시저샐러드의 다이내믹함과는 정반대의 매력이 있다. 작게 만든 크루통을 조합해도 좋다.

## Spain
# 가스파초 Gazpacho

### 재료(3~4인분)
토마토 300g(중간 크기 2개, 또는 방울토마토)
오이 100g(1개)
파프리카(노란색) 100g(1개)
양파 50g(1/4개)
바게트(또는 식빵) 40g
마늘(간) 1/2쪽
화이트와인 비네거 1큰술
소금 3g
흰 후추 조금
E.V. 올리브오일 3큰술
토핑
　E.V. 올리브오일 조금
　에스플레트 고춧가루(또는 카옌페퍼나
　　고춧가루) 조금

### 만드는 방법
1  바게트를 한입크기로 썰고, 물 150㎖를 부어 불린다.
2  토마토는 끓는 물에 살짝 담갔다 빼서 껍질을 벗기고, 파프리카는 씨를 제거한다. 토마토, 파프리카, 오이는 토핑용으로 조금 덜어서, 5mm 크기로 깍둑썬다. 마늘을 제외한 나머지 채소는 모두 한입크기로 썬다.
3  1과 한입크기로 썬 채소, 마늘, 올리브오일, 화이트와인 비네거, 소금, 흰 후추를 믹서에 넣고 부드러워질 때까지 간다. 간이 부족하면 소금, 흰 후추를 조금씩(분량 외) 더 넣는다. 냉장고에 넣고 2시간~하룻밤 정도 차갑게 보관하면 빵이 잘 어우러져 걸쭉해진다.
4  그릇에 담고 2에서 썰어둔 토핑용 채소를 올린 뒤, 토핑용 올리브오일과 에스플레트 고춧가루를 뿌린다.

• 채소와 빵을 동시에 먹을 수 있어 여름철 아침 메뉴로 좋다. 채소의 종류나 비율을 바꾸어 자유롭게 응용할 수 있다.

스페인 남쪽 세비야에서 시작된 토마토와 빵을 베이스로 한 차가운 수프이다. 원래는 절구와 절굿공이를 사용해 채소를 으깨서 만들었지만, 요즘은 믹서로 쉽게 만들 수 있다. 딱딱해진 빵을 남김없이 활용할 수 있을 뿐 아니라, 국물은 걸쭉하고 목넘김이 좋다. 더운 여름철에 비타민과 수분을 보충하기에도 안성맞춤으로, 지금은 전 세계에서 사랑받고 있다.

# Peru
## 세비체 Ceviche

### 재료(2~3인분)

흰살생선 회(도미, 광어, 농어 등) 200g
적양파(결대로 얇게 썬, p.28 참조)
　　50g(1/4개)
마늘(간) 1/4쪽
풋고추(다진) 1개
고수(다진) 적당량
라임즙 2큰술
소금 1/2작은술
흰 후추 조금
가니시
　잎채소(프릴레터스, 써니레터스 등)
　　적당량
　옥수수(생식용은 그대로, 또는 익힌) 적당량
　바게트 적당량

### 만드는 방법

1 흰살생선 회는 한입크기로 썬다.
2 볼에 마늘, 풋고추, 고수(토핑용으로 조금 남겨둔다), 라임즙을 넣고 섞은 뒤, 소금, 흰 후추로 간을 한다. 1을 넣고 잘 버무린 뒤 적양파를 넣는다.
3 접시에 담고 남겨둔 고수를 뿌린 뒤, 잎채소, 옥수수, 슬라이스한 바게트를 곁들인다.

• 매콤하게 마리네이드한 생선살에 단맛이 있는 채소를 곁들이는 것이 포인트. 여기서는 생식용 옥수수를 곁들였지만, 페루에서는 삶은 고구마와 옥수수가 기본이다.

세비체는 페루의 전통적인 해산물 마리네이드로 라임의 향과 신맛, 고추와 마늘의 톡 쏘는 매운맛이 특징이다. 고수와 적양파가 좋은 악센트가 되어, 한국이나 일본에서 즐겨 먹는 생선회와는 다르게 산뜻한 샐러드처럼 해산물을 먹을 수 있다. 바게트 등 심플한 빵과 궁합이 좋으며, 그대로 빵에 올리거나 국물에 빵을 적셔 먹어도 맛있다. 흰살생선 외에 문어나 가리비도 같은 방법으로 즐길 수 있다.

**나가타 유이** 지음
**Food coordinator**

식품업체, 식재료 전문점에서 메뉴 및 상품개발 담당을 거쳐 독립하였다. 샌드위치나 빵이 있는 식탁을 중심으로 메뉴개발 컨설팅, 서적 및 광고의 푸드 스타일링 등 음식과 관련된 다양한 일을 하고 있다. 일본 소믈리에협회 인증 「소믈리에」, 치즈 프로페셔널협회 인증 「치즈프로페셔널」, 「국제중의약선사」, 르 꼬르동 블루의 「그랑 디플롬」을 취득. 저서로 『샌드위치, 어떻게 조립해야 하나?』, 『[익힌 채소 × 빵] 샌드위치, 어떻게 조립해야 하나?』, 『프렌치토스트와 빵요리』 등이 있다.

**용동희** 옮김

다양한 분야를 넘나들며 활동하는 푸드디렉터. 메뉴개발, 제품분석, 스타일링 등 활발한 활동을 이어가고 있다. 현재 콘텐츠 그룹 CR403에서 요리와 스토리텔링을 담당하고 있으며, 그린쿡과 함께 일본 요리책을 한국에 소개하는 요리 전문 번역가로도 활동하고 있다.

## [생채소 × 빵] 샌드위치, 어떻게 조립해야 하나?

| | |
|---|---|
| **펴낸이** 유재영 | **기 획** 이화진 |
| **펴낸곳** 그린쿡 | **편 집** 박선희 |
| **지은이** 나가타 유이 | **디자인** 임수미, 정민애 |
| **옮긴이** 용동희 | |

1판 1쇄 2022년 5월 10일
1판 2쇄 2024년 5월 30일

**출판등록** 1987년 11월 27일 제10 - 149
**주소** 04083 서울 마포구 토정로 53(합정동)
**전화** 02 - 324 - 6130, 324 - 6131
**팩스** 02 - 324 - 6135
**E - 메일** dhsbook@hanmail.net
**홈페이지** www.donghaksa.co.kr
　　　　　www.green - home.co.kr
**페이스북** www.facebook.com/greenhomecook
**인스타그램** www.instagram.com/__greencook

**ISBN** 978 - 89 - 7190 - 822 - 8 13590

- 이 책은 실로 꿰맨 사철제본으로 튼튼합니다.
- 잘못된 책은 구매처에서 교환하시고, 출판사 교환이 필요한 경우에는 사유를 적어 도서와 함께 위의 주소로 보내주십시오.
- 이 책의 내용과 사진의 저작권 문의는 주식회사 동학사(그린쿡)로 해주십시오.

NAMAYASAI TO PAN NO KUMITATEKATA © YUI NAGATA 2021
Originally published in Japan in 2021 by Seibundo Shinkosha Publishing Co., Ltd., TOKYO.
Korean Character translation rights arranged with Seibundo Shinkosha Publishing Co., Ltd., TOKYO,
through TOHAN CORPORATION, TOKYO, and EntersKorea Co., Ltd., SEOUL.
Korean translation copyright © 2022 by Donghak Publishing Co., Ltd.

이 책의 한국어판 저작권은 ㈜엔터스코리아를 통해 저작권자와 독점 계약한 주식회사 동학사(그린쿡)에 있습니다.
저작권법에 의하여 한국 내에서 보호를 받는 저작물이므로 무단전재와 무단복제, 광전자 매체 수록 등을 금합니다.

일본어판 스태프　조리 어시스턴트_ EIKO SAKAMOTO / 촬영_ JUN TAKASUGI / 디자인_ AYAKO NASU(Ichigo Design)